平凡社新書
871

90年代テレビドラマ講義

藤井淑禎
FUJII HIDETADA

HEIBONSHA

90年代テレビドラマ講義●目次

プロローグ　「ドラマ学」の出発……9

第1章　「ドラマ学入門」の頃――『その気になるまで』『君と出逢ってから』……16
視聴率万能の風潮を排して／三つの角度からのアプローチ
大学生が選んだ「TVドラマアカデミー賞」
『その気になるまで』……25
シナリオに見られる反・一本調子の美学
『君と出逢ってから』……31
場所の選択と生かし方

第2章　NN（野沢・野島）時代の幕開け――『親愛なる者へ』……38
『親愛なる者へ』……39
心理表現とドラマならではの仕掛け／『親愛なる者へ』を凌駕する小説はあるか
精彩を放つ脇役たち／ポスト・バブル期の時代性

第3章　もっとも文学に近づいたドラマ――『高校教師』……59

『高校教師』……59
回想のナレーションで全体を統御／平成版の望郷・帰郷物語

第4章 テレビ革命とドラマ――『青い鳥』『恋人よ』……77
技術革新の追い風
『青い鳥』……80
闇や明暗の映像表現
『恋人よ』……85
映像と音楽のドラマ要素

第5章 ロケ地めぐり・いまむかし――『若葉のころ』『スウィートシーズン』……94
『若葉のころ』……95
大木という陰の主役／変則的な友情物語
『スウィートシーズン』……104
機械音は健在だった

第6章　伝統につながる――『白線流し』『私の運命』……111
『白線流し』……111
野島作品と対極の学園風景／タイトルの意味は最終回で
『私の運命』……121
逗子という舞台

第7章　千秋に続く女性たち――『ひとり暮らし』『彼女たちの時代』……131
『ひとり暮らし』……133
女性たちの時代の到来
『彼女たちの時代』……137
屋上からの絶叫というシーン

第8章　トレンディドラマへの注文――『ビューティフルライフ』『ロングバケーション』……143
『ビューティフルライフ』……144
ストーリー、設定の間口は広いほどいい

『ロングバケーション』……152
『Days』……154
六〇年代を連想

第9章　サスペンスの誘惑——『眠れる森』……160
『眠れる森』……160
野沢ワールドの魅力全開の滑り出し／もってまわった犯人探し
九〇年代後半のドラマ状況を象徴

第10章　「いったいどうなってんだよ！」——『Days』……170
『Days』……170
ワンパターン化した「三角関係」

第11章　ドラマの「十年問題」——続『高校教師』……179
続『高校教師』……179

続編としては致命的な欠陥／「故郷」の変質

第12章 冬ソナに完敗――『冬のソナタ』……189

『冬のソナタ』……189
日本ドラマのレベルが急降下／拡がりのある設定とスムーズなペース配分
愛はどのように描かれたか／日本社会で失われた価値観

エピローグ　輝いてる？ 輝いてない？――ドラマの現在……205
三つの角度からみる日本ドラマの回復度合い／原作依存の風潮
観ることと作ることとの好循環

あとがき……217

人名索引（脚本家、出演者）……223

プロローグ　「ドラマ学」の出発

テレビドラマがもっとも輝いていた時代はいつだったのか。本書ではタイトルにもあるように一九九〇年代がそれであると考えているが、〝テレビドラマが輝いていた時代〟を、脚本家が主導権を握っていた時代、と言い換えることもできるかもしれない。当然、彼らの作品であるシナリオ（脚本）も重んじられ、著名な脚本家の場合はシナリオ本が刊行されるのも珍しいことではなかった。

しかし、それがある時期から、ノベライズ本に取って代わられるようになった。いま手元にあるシナリオ本、ノベライズ本で確かめてみると、たとえば九〇年代を代表する脚本家の一人である野沢尚《ひさし》のものでは、『親愛なる者へ』（一九九二年九月）、『素晴らしきかな人生』（九三年九月）がシナリオ本だったのに対して、『恋人よ』（九五年九月）ではもうノベライズ本に取って代わられている。ささやかな例ではあるけれども、趨勢《すうせい》の一端をうかがうことはできるだろう。

そればかりでなく、当初はそれなりにもてはやされていたノベライズ本さえもが次第に話題にならなくなり、今ではシナリオをノベライズしたものがあるということすら半ば忘れ去られてしまった感がある。それほど、シナリオや脚本家が、かつてとは打って変わって軽んじられるようになってしまった。しかも、そうした風潮は、ドラマ業界、出版業界だけでなく、受け手である視聴者や読者の側をも侵食しつつあるようにみえる。

脚本家にかなりの発言力があった時代から、次第に、ディレクターに、さらにはプロデューサーへと主導権が移り、企画する側がどんどん発言力を増すようになっていく。そうなるとドラマ制作の現場は一種のオートメーション工場と化し、脚本家から始まって、ディレクターや、さらにはプロデューサーまでもが自分に回ってきた役目をこなすだけの存在となってしまった、とはよく言われることである。

もちろん、一足飛びに事態がそこまで急展開するはずはない。九〇年代から二〇〇〇年代にかけて徐々に事態はそのように進んでいったと思われるが、その前兆と言ってもいいシナリオ本からノベライズ本へ、という変化は、九〇年代、あるいは九〇年代半ばに、テレビドラマの世界になんらかの地殻変動があったことをうかがわせる現象なのだ。そしてこのことと密接に関係しているが、この時期こそはわたしがテレビドラマともっとも深く関わりを持った時期だったのである。

今となっては少し照れくさい気もするが、この頃、わたしは「ドラマ学」という新語を造って、それを選挙演説なみに連呼していた。本業は近代文学の教師だが、テレビドラマも授業で扱おうと考え、そのためにはもっともらしい呼び方や授業名が必要と思ったからだ。そこで、近代文学専攻ではなくドラマ学専攻などと称してみたり、テレビドラマを扱う授業を「ドラマ学入門」と銘打ったりした。

いったい、なぜ、そんなことを始めようとしたのか。まさにこのことが本書のテーマである〝テレビドラマが輝いていた時代〟に密接に関わるわけだが、一九九〇年前後までのわたしにとってテレビドラマは、人並みに、単に愉しむ対象でしかなかった。

テレビドラマの歴史ということでは、『名犬ラッシー』や『ララミー牧場』等の外国テレビドラマ、『月光仮面』『白馬童子』等の児童もの、『花の生涯』に始まるNHKの大河ドラマシリーズ、『七人の孫』『時間ですよ』等の和製ホームドラマ、なども忘れてはならないが、何と言っても七七年の『岸辺のアルバム』（脚本・山田太一、七七年六月～九月、

TBS）が時代を画した記念碑的な作品であったことは衆目の一致するところだろう。

これ以後、倉本聰の『北の国から』（八一年一〇月〜八二年三月、フジテレビ）、向田邦子の『阿修羅のごとく』（七九年一月、NHK）、市川森一の『親戚たち』（八五年七月〜九月、フジテレビ）などの傑作が相次ぎ、ここに第一期のドラマ黄金時代が現出する。先の山田太一を加え、世に言う四天王の時代である。

そのなかにあって、わたしも人並みにそれらの作品に魅かれ、せっせと観もしたが、この時点ではドラマとそれ以上の深い関わりは持とうとはしなかった。それが、九〇年代に入って四天王に続く新しい作家たち——言うまでもなく野沢尚、野島伸司に代表される新世代の作家たちだ——の時代になった途端に、がぜん分析意欲（？）を刺激されて、「ドラマ学」などということを唱え出したのである。

ご存じの方も多いと思うが、四天王と呼ばれた作家たちはいずれも戦前生まれであり、映画学科出身の市川森一をのぞけば、放送局（倉本聰）、映画雑誌編集（向田邦子）、映画会社（山田太一）などの関連業界出身であり、叩き上げと言ってもいいような職人肌の作家たちだった。これに対して野沢尚や野島伸司はともに戦後、それも昭和三十年代生まれの世代であり、経歴的にも映画学科（野沢尚）やシナリオ教室（野島伸司）出身で、叩き上げとはほど遠く、業界内部のしがらみからも比較的自由な存在であった。だとしたら、そうした新世代の作家たちによってドラマ界に新風が吹き込まれたのも当然の成り行きだったのである。

これ以外にも、四天王の時代とNN時代（野沢尚と野島伸司によって代表される時代をこう呼ばせて下さい）とでは、ドラマとドラマを取り巻く環境が大きく変わったことも見逃せない。そのなかでも最大の変化はビデオ録画の普及だろう。その曜日のその時間帯にテレビの前にいなくても観られるようになったこと、さらには何度でも繰り返し観られるようになったことが、ドラマの作り方に影響を与えないわけがなかった。そしてなかでももっとも大きな変化は、ドラマの作られ方がより緻密になった、ということではないだろうか。

これらのことがわたしのなかの分析意欲を刺激して、「ドラマ学」の提唱に結びついたのだった。前後は定かではないが、それに加えて、わたしのまわりでも大きな変化が見られた。文学研究をなりわいとしていることは前述したが、その業界内でそれまでの感想主体の印象批評（いわゆる作品論）が下火となり、作品の構造や形式を吟味する、より客観的な分析方法が台頭してきたのである。

そしてそうした分析的な目で見てみると、どちらかというとテーマやメッセージ性中心の四天王の時代の作品と違って、NN時代のドラマには小説と同じような本格的な分析にも堪《た》えられるものが少なくないことに、ある時気づかされたのである。きっかけとなった作品はいくつかあったと思うが、野沢尚の『親愛なる者へ』(九二年七月～九月、フジテレビ)と野島伸司の『高校教師』(九三年一月～三月、TBS)の二つがその中に含まれていたことだけはまちがいない。

ただ、これだけだと、まだ「ドラマ学」の出発までには至らない。それに加えて、世の中にはびこっていたドラマ軽視の風潮をなんとかひっくり返したい、という思いがわたしの中でむくむくとふくらんできたのである。軽視といっても、馬鹿にする、というものばかりではない。本人はドラマ愛好家のつもりで、毎クール多くのドラマを愉しんでいる人々のなかにさえ、ドラマを単なる娯楽や暇つぶしの対象としてしかみなかったり、映画よりは格下、と思い込んでいる人が少なくなかったようなのである。

観るほうがこういう態度だと、作るほうにも当然悪影響を及ぼす。しょせん、その程度にしかみられていないのだから、それに見合う程度に作ればいいのではないか、というように。この悪循環を好循環に転換させなくては、との思いが「ドラマ学」の提唱に結びついていたのである。小説や映画にも負けないドラマの素晴らしさを、分析することで客観的に明らかにする。しっかりとした分析方法を身につけた見巧者が増え、ドラマを軽視する風潮もなくなれば、作るほうも、襟を正さざるを得なくなる。こうした好循環によって、ドラマの品質向上と、その結果としての地位向上がはかられると期待したのである。

第1章　「ドラマ学入門」の頃――『その気になるまで』『君と出逢ってから』

視聴率万能の風潮を排して

　当時勤務していた立教大学で、「ドラマ学入門」と称してテレビドラマを素材とする授業を始めたのは、九五年の四月からだった。すでに巧緻《こうち》な構成と野心的なテーマを売りものにした野沢尚と野島伸司のNN時代は始まっており、そんななかでドラマの出来映えを客観的に評価しようとする動きもぽつぽつ現れ始めていた。

　その代表的なものが、「視聴率に左右されることなく、いいものをきちんと評価したい、というのが本賞の基本姿勢」（『別冊ザテレビジョン 20th Memorial Book』二〇〇二年）であることをうたった、『ザテレビジョン』（角川書店）の名物企画「ドラマアカデミー賞」であった。三か月ごとに、本家のアカデミー賞にならって最優秀作品賞に始まり、主演男・

女優、助演男・女優、新人俳優、脚本、監督、撮影等々の各賞を、読者、審査員グループ、編集部の三者の投票比重が均等になるように配慮した上で、その合計の得票数で決定しようというものである。

「ドラマアカデミー賞」のスタートは九四年六月だが、この頃はこれだけでなく、雑誌が人気脚本家特集を組んだり（「ドラマは脚本家で選ぼう」『Views』九四年一二月、など）、前述のようにドラマを無味乾燥なノベライズ本にしてしまうのではなく、シナリオそのものを本にするなど、脚本や脚本家が一目も二目も置かれていた時代だった。そのなかで、ドラマの品質向上につながる、ドラマの客観的評価の必要性が認識され始めたのである。

わたしが始めた「ドラマ学入門」の授業も、今思えばそうした流れの中の動きの一つだった。「ドラマアカデミー賞」はアカデミー賞にならって各賞を投票で選んだが、わたしのほうはその「ドラマアカデミー賞」をも意識しつつ、さらに過激に、視聴率万能の風潮を仮想敵として、作品の徹底的な客観的評価を目指した。

ドラマの授業などと聞くとたいていの方は、独断と偏見のかたまりのようなオタク教師が自分の趣味的な見方をこれでもかこれでもかと押しつけるようなものを想像されるかもしれないが、それではほんとうの見巧者は育たない。やはり一から分析方法を身につけてもらって、それをもとに意見を出し合い、自分とは違う意見にも耳を傾け、その結果として総合的な見解・評価に皆でたどりつくようなスタイルでなくてはだめだ。そうなると、どうしても発表と討論中心の授業となるので、受け入れられるのもせいぜい五〇名くらいまでとなる。

そこで、取り上げるのはその時にオンエア中のドラマとし、それらの視聴や発表準備がいかに大変であるかを触れまわって、面白半分の連中をはじき出す。その結果いわば粒ぞろいのドラマ好きたちが集まってくるというわけだが、それほどの連中であれば意識の高さもさぞかし、と思いきや、意外にもその実態は、潜在能力は別とすれば、フツーの人たちとたいして変わりはないのだった。すなわち、タレント人気に目を奪われたり、筋を追うのに躍起となったり、といったような。……したがって、まずしなくてはならないのは、そうした、ドラマというものに対する安易な姿勢と意識の、徹底的なたたき直しだった。

そのためにわたしが授業開始時に受講生諸君に課した心得なるものを、ここで紹介しておこう。当時わたしが面白半分につけたタイトルは、♪四つのお願い、だ。

一、ファン根性からの脱却。
二、マニアックに、ではなく、あくまでもアマチュアの眼で。
三、自分とかけ離れた境遇や年齢の主人公のドラマも、敬遠しない。
四、要するに、どんなドラマも好き嫌いせずに観る。

一言で言えば、ともすれば陥りがちな弊の、その逆を心がけよう、ということだが、たとえば一は、ファンだから観る、はやめにしようということだし、二は、オタク的な楽屋落ち批評を排し、素朴な「批評以前の反応」を重視したい、ということだ。また、どうみても意味がかぶっている三や四は（このことがよほど気になっていたから、こんなくどい畳みかけ方をしたとみえる）、自己移入しやすいものやとっつきやすいものだけを観るのではなく、どんなドラマとも選り好みせずに付き合おう、ということだ。

三つの角度からのアプローチ

こうして、心構えの準備ができたとなると、次はいよいよ実際にドラマを視聴し、分析結果を発表してもらう番だ。取り上げる作品は、あらかじめ選別するようなことはせずに、なるべくそのクールにオンエアされたすべてのドラマを対象とするようにした。具体的には、四月期のものを夏休み前までかけて同時進行で取り上げ、さらに後期は、十月期の作品を同様に一月までかけて扱う、といった具合だ。

発表者の役割は、筋や設定を紹介し、さわりの映像紹介とともにポイントや特徴を指摘し、総合的な評価を下すところまでであり、それに対して質問や批判をうけるところから討論が始まる、という流れだ。

もっとも、ひとくちに「ポイントや特徴の指摘」とは言っても、具体的には、いったい、どんな点に目をつければよいのだろうか。いくら、素朴な「批評以前の反応」が大切だと言っても、やはり、いろんな角度・観点から総合的に見ていく必要がある。そこで、わたしが受講生諸君と一緒につくった、一種のチェック表のようなものをお見せしよう。——そこでは、三つの角度からのアプローチを推奨している。

一、シナリオ（諸設定、筋、科白《せりふ》、テーマ等々）の検討。
二、ドラマ化（映像、音楽、キャスティング、演技等々）の検討。
三、時代性（時代や社会との関わり＝それらを反映とか批評とか）にも着目。

別にどんな観点からアプローチしてもいいわけだが、それでも、シナリオ自体への評価と、そのシナリオをどうドラマ化したか、などは明らかに別々の、しかもどちらも必須の検討項目なのだから、そこに時代や社会との関わりという観点を加えたこの「三つの角度」は、鑑賞の心得としては、まずまずバランスのとれたものと言ってよいのではないだろうか。

そしてこうした三種のアプローチを課すことで、自分の見方の偏りを事前に軌道修正することも可能になるし、結果的に、バランスのとれた、包括的で公平な評価に、少しでも近づくことができるというわけだ。手前味噌を承知で言えば、この、四つのお願いと三つの角度からのアプローチを実践することで、当初はフツーの人とほとんど変わるところがなかった受講生たちが、誰もが舌を巻くほどの見巧者へと、あれよあれよというまに脱皮し成長していった、ということもここで忘れずに付け加えておこう。

大学生が選んだ「TVドラマアカデミー賞」

さて前置きはこれくらいにして、具体的にどんな作品を取り上げて、どんなことを話し合ったかだが、さいわい開講二年目の九六年六月に月刊『文藝春秋』に「大学生が選んだ『TVドラマアカデミー賞』」という「ドラマ学入門」紹介レポートのようなものを書かせてもらったので、それを読み直すと、当時どんな作品を取り上げていたかや、それらに対する評価結果がわかる。わたし自身は忘れてしまっていたけれども、それを見ると、『ザテレビジョン』の「ドラマアカデミー賞」のように作品賞とか主演賞とかではなく、例の三つの角度からのアプローチの精神を生かして、シナリオ賞、ドラマ賞、時代賞の三賞を投票で選んでいたことがわかる。視聴率だけでなく「ドラマアカデミー賞」にも対抗して、の姿勢がありありと見て取れる意欲的な（！）三賞方式だったのである。

ここに掲げたのは、当時『文藝春秋』にも掲げた九五年四月期から九六年四月期までの三賞受賞作品だが、大学が夏休みに入る七月期の三賞もあるのは、四月期や十月期のようにフルに十二、三回使って発表や投票をしたわけではなく、二、三度やったところでとりあえず三賞の投票だけしてみたからだと思う（したがって次点作品があげられてない）。このなかであとのほうで触れる予定の作品は除外して、ここではそれ以外の作品をいくつか紹介し、その受賞理由を説明して、三つの角度からのアプローチとは具体的にはどのようなもので、どの程度ドラマ分析に有効であるかを明らかにしておこう。

	95年4月期	95年7月期	95年10月期	96年1月期	96年4月期
シナリオ賞	『星の金貨』 龍居由佳里ほか脚本 日本テレビ 酒井法子、大沢たかお	『愛していると言ってくれ』 北川悦吏子脚本 TBS 豊川悦司、常盤貴子	『恋人よ』 野沢尚脚本 フジテレビ 岸谷五朗、鈴木保奈美 （次点『正義は勝つ』）	（大学が冬休みのため休み）	『その気になるまで』 鎌田敏夫脚本 TBS 明石家さんま、手塚理美 （次点『渡る世間は鬼ばかり』）
ドラマ賞	『王様のレストラン』 三谷幸喜脚本 フジテレビ 松本幸四郎、筒井道隆	『愛していると言ってくれ』	『恋人よ』 （次点『長男の嫁2』、『クリスマスキス』）		『君と出逢ってから』 吉田紀子脚本 TBS 本木雅弘、鶴田真由 （次点『八丁堀捕物ばなし』）
時代賞	『セカンド・チャンス』 小松江里子脚本 TBS 田中美佐子、赤井英和 （次点『ジューン・ブライド』）	『沙粧妙子』 飯田譲治脚本 フジテレビ 浅野温子、柳葉敏郎	『未成年』 野島伸司脚本 TBS いしだ壱成、桜井幸子		『ロングバケーション』 北川悦吏子脚本 フジテレビ 木村拓哉、山口智子 （次点『その気になるまで』）
[参考] ドラマアカデミー賞最優秀作品賞	『王様のレストラン』	『愛していると言ってくれ』	『未成年』	『白線流し』 信本敬子ほか脚本 フジテレビ 長瀬智也、酒井美紀	『ロングバケーション』

何しろどれも二十年以上も前のドラマなので、よほどのマニアでないと覚えていない、と思われるかもしれないが、必ずしもそうとは限らない。よく、昔の歌は今の歌のようにすぐに忘れ去られることはなく、いつまでも歌い継がれる、などと言われるが、それと似たようなことがドラマの場合にもあるのではないだろうか。

ドラマアカデミー賞が視聴率万能の風潮や人気タレント頼みのドラマ作りに抗して、純粋な作品評価に徹しようとしたところから出発したことはすでに述べた。ただ、そうは言っても、やはり商業的な出版物であり、業界につながる評論家たちが投票し、「タレント人気に目を奪われたり、筋を追うのに躍起」の一般視聴者も投票し、ということになると、なかなか理想通りにはいかないかもしれない。最優秀作品賞に、人気タレントや大物タレント、人気脚本家が関わった作品が多い理由もそのあたりにあるのではないか、と勘繰ってしまう。

その点、われわれの「ドラマ学入門」などは、なんのしがらみもない、いわば素寒貧《すかんぴん》そのもののような連中ばかりの集まりである。もちろん、まだまだ人気や筋に目を奪われがちな悪癖を矯正中の身ではあるのだけれども。

ドラマアカデミー賞とわれわれの三賞とを比べてみて、もっとも対比が鮮やかなのは、「ドラマ学入門」が二年目に入った九六年四月期の場合だろう。ドラマアカデミー賞の最優秀作品賞が『ロングバケーション』であるのに対して、「ドラマ学入門」では『ロングバケーション』は話題賞ともいうべき時代賞にとどまり、シナリオ賞とドラマ賞は別の作品が受賞しているからだ。

『その気になるまで』

シナリオ賞を受賞した『その気になるまで』はベテラン鎌田敏夫の脚本だ。シナリオ賞というからには、ドラマ化以前の、諸設定、筋、科白、テーマなどのシナリオ段階ですでに傑出していた、ということだが、たとえば金曜日の東京駅発大船行き終電車に毎回のように乗り合わせる三人のバツイチ男がひょんなことから知り合って行動をともにするようになる、という考え抜かれた設定からしてすでに期待がふくらむ。しかも、四人対面のボックス席だから、お互いに身の上話をするにしても都合がいい。そうなると、対する女性陣は、ということになるが、こっちはこっちで、何かというと集まっては麻雀に興じる四人の離婚経験者（四人が麻雀の卓を囲むのは細川ふみえ演じる理容師の由香のマンション）、という見事な〈対句〉ぶりが、うならせる。

大船行き終電車に乗り合わせるというところからもわかるように、彼らの住まいはその沿線で、横浜の先の磯子や大船の手前の洋光台で降りたり、新杉田乗り換えで新交通システムの第一号として知られる金沢シーサイドラインの野島公園駅で降りたりしている。タイトルバックにも、シーサイドラインやシーサイドライン周辺の眺めが生かされており（今は横浜・八景島シーパラダイスがあることで有名なところだ）、舞台設定も個性的で、申し分ない。住まい周辺だけでなく、確か、横浜での途中下車も盛り込まれていたと思う。主人公の田口（明石家さんま）と怪しい仲の同僚の若い女性（森口瑤子）が終電にまでついてきて、横浜で降りようよ、とせがむ場面だ。

少し脱線するが、この作品での森口瑤子の妖艶《ようえん》さは絶品。当時小学生だった息子が、おやじを押しのけて食い入るように画面に見入っていたのを思い出す。ただ、これはキャスティングや演技に関することだから、シナリオではなくドラマ化の守備範囲だ。もっとも、シナリオ賞を受賞するような作品はドラマ化の面でもそこそこ以上の水準であるのはむしろ当然だろう。この作品の場合も、ロックバンド・イーグルスが歌う「ホテル・カリフォルニア」の効果的な使い方など、ドラマ化のほうの得点も相当なものになりそうだ。

　ついでに言うと、この作品は時代賞の次点にもなっている。時代や社会を反映、さらにはもう一歩踏み込んで、そうした時代や社会への批評の目も持ち合わせている、というのが時代賞の趣旨だから、確かにこれだけたくさんバツイチ男やバツイチ女（正確にはイチでないツワモノもいるようだが）を登場させれば、おのずと時代賞候補にもなるわけだ。

　男三人と女四人がいずれも離婚経験者であることの紹介は第一回の前半に滑らかに織り込まれており、視聴者はいつのまにかその世界に誘い込まれていく。男たちが知り合うのは、例の電車のボックス席で三回目か四回目に顔を合わせた時だ。明石家さんま演じる田口は大企業の人事課長、大野木（赤井英和）はスポーツ紙の記者、神代（佐野史郎）は大手呉服屋の営業部長であることが明かされ、それぞれ離婚に至った経緯、子供のあるなしなどが紹介されて、境遇が似通っていることもあって男たちは意気投合する。

　女たちの紹介は、由香のマンションで麻雀の卓を囲みながらこれまた滑らかにおこなわれる。パチンコ店で暇を持て余していたところをあねご肌の美登里（秋野暢子）に声をかけられ、というのがキッカケだが、国際線チーフパーサーの美登里を筆頭に、ラジオディレクターの千春（山下久美子）、建設機械レンタル会社の営業の恭子（手塚理美）、そしてお色気が売り物の理容師の由香、というそうそうたる顔ぶれだ。ここで早くも、千春の元夫が今は呉服関係であることがちらりと出てきて（もちろん神代のことだ）、その先のひと波乱を予感させる。

続いては四人と三人の働く姿の紹介。特に四人の女たちの、男性に伍してのさっそうとした働きぶりが目に焼きつく。バツイチという設定に次ぐ時代賞的要素と言ってよい。離婚の増加やそれに伴う女性の社会進出という時代の変化がしっかりと取り込まれているのである。時代賞的要素と言えば、早期退職をすすめる係の田口の苦悩も女性陣の活躍に勝るとも劣らない。〈バブルの崩壊〉という言葉が世間を賑わしたのは一九九一年以降のことであり、その一つの表れが「早期退職」だったのだから。人事課長の田口が苦渋の表情で早期退職をすすめるシーンで、すすめられる役を演じているのは名脇役の田山涼成《りょうせい》だ。今のポストにしがみつこうとするサラリーマンの悲哀を好演。彼の出番はひょっとしてここだけだったのではないか。だとしたら何とも心憎いキャスティングである。

シナリオに見られる反・一本調子の美学

ひととおり登場人物の紹介がすんだところで、大野木にすすめられて由香の勤めるお色気バーバーを訪ねた神代と由香のあいだで、合コン話がもちあがる。場所はもちろん由香のマンションだ。積極的な由香に対して、ほかの女たちは表面は不承不承という体裁で参加する。もっとも、由香の解説によれば、とっておきの服を着てきたり、わざと気がのらないふりをしてみたりと、実際はまんざらでもなさそうなのである。男組のほうでは例の田口が不承不承の参加だ。若い愛人がいることとも関係あるのかもしれないが、それよりも田口の場合は、女はもうこりごりという思いのほうが強いようだ。

かくして合コン当日となるのだが、すでに伏線が張ってあったように、とんでもない再会を果たした元夫婦の千春と神代の態度（特に千春）は険悪だし、由香並みの若い女性ばかりを想像して来た大野木が発した「何やババアばかり」云々が女性陣のひんしゅくを買い、さんざんのパーティーとなる。そんななか、同じ七歳のひとり息子がいるということで話し相手をさせられた田口と恭子だったが（ただし同居しているのは恭子だけ。田口のほうは元妻が会わせてくれない）、最初はどちらも嫁姑関係が不和の原因ということでしんみりと話を交わしていたものの、会話が進むにつれてだんだんと相手を元夫、元妻に擬してもの大げんかとなる。不満があったんならハッキリ言ったらよかったじゃないか、言ってもどうせ適当に受け流すだけじゃないの、といったように。

そしてこの場面では、「どうせならけんかをしてから別れたかったな」、「亭主にわかってほしかったの、夫婦なんだから」、「人って何で人を好きになったりするんだろう」、「何で結婚などどするんだろう」、「何で別れたりなどするんだろう」などといった、シリアスなセリフが飛び交うこととなる。こうした展開を見てもわかるように、男組と女組が〈対句〉関係にあるだけでなく、硬と軟、明と暗、シリアスとコミカル等の対比が次々に繰り出されて、観る者を飽きさせない。このあたりはまたシナリオ賞的要素の話に戻ってしまっているが、ともかくバツイチ、リストラ、働く女性と、時代や社会を反映する時代賞的要素も満載のドラマなのである。

こうした盛り沢山な趣向が第一回目の内容だが、終わり方もひと工夫されている。ひょんなことから田口と恭子が例の電車に乗り合わせてしまうが、合コンで大げんかしたこともあって、言葉を交わすことはない。それでも二人とも新杉田乗り換えのシーサイドライン沿線なので、互いを視野の隅に入れながら、家路につく。田口は母が居眠りしながらも待っていてくれる家へ、恭子は息子の面倒を見てもらっている近所の姉夫婦のマンションへ（もう寝てしまっていたので、息子はそのままに一人とぼとぼ自分のマンションへ）。

ただしこれで終わりではない。このあとさらに、外国出張の大野木が機内で尿意をこらえてトイレの順番待ちをしているところを、たまたま搭乗していた美登里の機転で救われる、というようなシーンも付け加えられている。まあ、この程度ではシリアス対コミカルと持ち上げるほどではないかもしれないが、いずれにしても反・一本調子の美学のようなものが随所に見て取れる鎌田敏夫のシナリオなのである。

『君と出逢ってから』

シナリオ賞を受賞した『その気になるまで』は三つの角度からのアプローチのうちの「シナリオの検討」の実例だが、もういっぽうのドラマ賞のほうも、作品の紹介も兼ねて実例を見てみることにしよう。九六年四月期でドラマ賞を受賞したのは、吉田紀子脚本の『君と出逢ってから』である。繰り返しになるが、ドラマ賞のほうでは、ドラマ化段階でシナリオがどう具体化されたかを吟味する。前述のように、映像（カメラワーク）、音楽や音響効果、キャスティング、演技等々である。ほかには、大道具、小道具、スタジオ内であればセット、戸外であればロケハンの結果選ばれたドラマの舞台となる場所、などもこれに含まれる。

そして『君と出逢ってから』の場合、最大の特徴が、この「ロケハンの結果選ばれたドラマの舞台となる場所」なのである。もちろん、シナリオ段階でもある程度の指示はあっただろうが、それに肉付けして作品の最大の売りにまで昇華させたのは、まちがいなくドラマ化段階での手柄なのである。作中に繰り返し登場してくる海辺、海岸を見下ろす崖の上、さらにはそこに建つ手作りのロッジふうの建物、それらこそが『君と出逢ってから』の原点的な場所だったのである。

そのことは第一回のオープニングが何の前触れもなく、いきなりこの海辺のシーンから始まっていることからもうかがえる。照りつける灼熱の太陽のもと、犬連れで海辺に腰を下ろす一人の男性がクローズアップされる。そこに丘の向こうから白い服を着た女性がゆっくりとやってくる。この段階ではこの二人についてもこの場所についても何の説明もないまま、場面はいきなり都会のまっただなかに転換する。そしてこの男女が、外資系商事会社のエリートサラリーマンである戸川誠二（本木雅弘）と、コーヒーチェーン店で働く美大志望の予備校生の神谷沙知子（鶴田真由）であることが明らかにされる。

そしてここでもあの場所（海辺）についての説明はないまま、それに続くタイトルバックでは、主題歌「夏の午後」の歌声（大浦龍宇一《りゅういち》）とともに、ふたたびあの場所が登場してくる。波立つ海面をなでるように移動したカメラが、海と崖がつづく雄大な海岸線の光景をうつしだすのである。崖上にたたずむのは、言うまでもなく、オープニングにも登場していたあの二人だ。

いったい、ここはどこなのか。さらに、そこにはどのような意味が託されていたのか。そのことを視聴者が知るためには、なんと第七回「甦る記憶」まで待たなくてはならないのだ。全十三回中の七回目というペース配分は、シナリオ段階での遠謀深慮を想像させるが、ここではシナリオの検討には立ち入らない。注目したいのは、この場所とその意味のほうなのだから。

七回目に至って初めて視聴者は、この場所が、自然による癒しや人間再生を可能にしてくれる特別の場所であることを明かされる。冷酷なエリート商社マンであった戸川が事故で記憶を失い、かつては軽い気持ちで付き合っていた無垢な女性沙知子に見守られながら、以前とは違う生き方を目指すようになる。その再出発の場所に選ばれたのが、オープニングから再三にわたって登場していたあの海辺だったのである。――記憶を失ったまま戸川は会社もやめ、沙知子の助けを借りてあの海辺に手作りの小屋を建て、沙知子との新生活に踏み出そうとする。

ちなみに、戸川が小屋を建てたこの場所（のロケ地）は、ドラマの中では特にどことは明らかにされていないが、湘南マニアなら知る人ぞ知る、三浦半島の小網代湾近くの黒崎という場所だ（ただし海と崖がつづく雄大な海岸線のほうは別の場所）。黒崎ノ鼻という岬があり、そこにつながる海岸を三戸《みと》海岸という。ひとむかしまえのガイドブックには、三浦半島ならではの豊かな畑作地帯から岬に至る光景はこのように紹介されている。

右に曲ると右前方の畑の上から相模湾が見渡せる。やがて畑が切れて篠竹の原にさしかかる。篠竹の原を突切ると、脚下に広い岩礁と大海原を一望に収める急斜面の肩に立つ。斜面の松は強風に枯れ、篠竹も膝を隠すほどでしかない。眼下の急斜面を伝って細い道が馬の背のような岬に続いている。この岬を黒崎ノ鼻と呼ぶ。（富岡畦草『湘南の散歩みち』一九六七年）

かつては〈聖地巡礼〉などという言葉こそなかったものの、舞台となった場所を訪ねるロケ地めぐりは当時からそれなりに盛んであったから、この場所を訪ねあてたファンは、戸川と沙知子の愛の巣があった場所を確かめることができた達成感とともに、いかにこの場所が、自然による癒しや人間再生を可能にしてくれる場所としてふさわしいかを実感したにちがいない。その意味でもオープニングから再三にわたって登場するこの場所は、『君と出逢ってから』の原点的な場所というだけでなく、もう一歩踏み込んで、むしろこのドラマの主人公と言ってもよいほどの場所だったのかもしれない。ドラマ化段階での大きな手柄である。

場所の選択と生かし方

話を元に戻せば、再三にわたって登場していたこの場所がそうした重要な場所であることが明かされるのは第七回。しかし「甦る記憶」というタイトルからも想像されるように、この回に盛り込まれたのはそうした明るい話題ばかりではない。実は戸川にはかつての冷酷商社マン時代に沙知子の父や兄の経営する建設会社を倒産させてしまった過去があり、そのために沙知子の両親は自殺に追い込まれたのだった。そのことで執拗に戸川を責め続ける沙知子の兄、逆に何も知らされていない沙知子、その板挟みの中でついに記憶を甦らせてしまった戸川。本来なら、再出発の日、再出発の場所、であったはずであるにもかかわらず、深い自責の念に駆られた戸川は沙知子との生活を断念しようとする。

こうした入り組んだ展開（やや常套的と言えなくもないが）といい、先に述べた全十三回中の七回目というペース配分といい、この作品がシナリオとしても平均以上の出来であることはまちがいないが、それでもシナリオだけを比べる限りでは、やはりシナリオ賞を受賞した『その気になるまで』には及ばない。その意味でも、『君と出逢ってから』はドラマ賞的要素（とりわけ場所の選択と生かし方）のほうがまさった作品、と言うべきなのである。

ついでながら、残る時代賞的要素のほうはどうだっただろうか。これも、バッイチ、リストラ、働く女性と、時代や社会を反映する要素が満載の『その気になるまで』と比べれば、戸川の冷酷商社マン時代への決別にわずかにバブル崩壊などの時代への批評性が見られるものの、作品の中心は、より普遍的で超時代的な愛による再生のほうにあるので、時代性・社会性の要素はどちらかというと希薄である。

本章ではドラマ学の核心とも言うべき三つの角度からのアプローチを、実例をあげて紹介した。ここで実例としてあげた『その気になるまで』と『君と出逢ってから』という二つの作品だけでも、〝テレビドラマが輝いていた……〟の証明にはなると思うが、以下の章でも三つの角度からのアプローチに基づいて、この〈輝いていた〉〈輝いてない〉問題を追究していきたいと思う。特に、いずれ登場してくる〈輝いてない〉作品群をめぐっては、その時期と理由・背景から目をそらさないようにして。

第2章　NN（野沢・野島）時代の幕開け――『親愛なる者へ』

前章では九〇年代に入って少し経った頃から、ドラマの出来映えを客観的に評価しようとする動きが見られるようになったことを確認した。その代表的なものが『ザテレビジョン』の「ドラマアカデミー賞」（九四年～）であり、わたしが九五年から始めた「ドラマ学入門」という授業もそうした流れのなかの一つの動きとして位置づけることができた。もっとも、それらの動きが見られるようになるには、それに先んじてまずはテレビドラマのほうに何らかのプラスの変化が見られなくてはならない。それを受けて、それらを正当に評価しなくては、という動きが表面化してくる、という順序なのだから。

そうだとしたら、前章では便宜的に「ドラマ学入門」で扱った作品（すなわち九五年以降の）を例にしてドラマに対してとるべき態度や三つの角度からのアプローチについて説明したが、ここからはそれ以前にもさかのぼって、ドラマを客観的に評価しようとする新しい流れを生むキッカケとなった九〇年代ドラマたちの実力を、三つの角度からのアプローチによって明らかにしていこう。

『親愛なる者へ』

この時代を野沢尚と野島伸司の頭文字をとってＮＮ時代と呼ぶとすれば、その口火を切ったのは、野沢尚の『親愛なる者へ』（九二年七月〜九月、フジテレビ）だった。このドラマは、シナリオ、ドラマ化、時代性の三要素のどれをとっても、非の打ちどころのないほど飛び抜けた作品だが、しいてあげればシナリオ、そのなかでもさらに絞ればテーマの斬新さが画期的だった。一言でいえば、それは、互いに不倫した夫婦が離婚の危機をのりこえて今度こそほんとうの夫婦愛を確かめあう、というものだったのである。今を基準に考えてしまうとこんなことは大したことではないように思えるかもしれないが、どうしてどうして、これは戦後日本の恋愛史・性愛史の流れの中では画期的なことであり、しかもその深遠なテーマを、本作では誰もを納得させてしまうほどに明快かつ説得的に表現していたのである。

『純愛の精神誌——昭和三十年代の青春を読む』(一九九四年)という本を書いたこともあって、純愛や処女性問題(?)の専門家を自任しているが、かつては処女性崇拝の結果として昭和三十年代くらいまでは婚前の肉体関係をタブー視する傾向が長く続いた。しかも不公平にも女性に対してのみそれは求められ、逸脱するとキズモノとみなされるような風潮もあったことはよく知られている。

もっとも、時代が進むにつれてさすがに婚前の関係のほうはほとんど不問に付されるようになったが、そうなってからでも既婚女性の不倫、すなわち女性の婚外の行為に対しては依然として厳しい見方が続いた。儒教道徳で言われた三従七去(三従は父、夫、子に従うことを、七去は七つの離婚理由を指す)の「七去」ではないけれども、淫乱な女は離婚に値する、というわけである。こうした風潮に変化が見られるようになったのがいつ頃からであったのかは、社会や考え方が多様化したせいもあって一概には言えないけれども、九〇年代初めの頃は、現実はともかくとして少なくともフィクションの世界では、それも小説や映画に比べてお茶の間娯楽であるぶんだけ穏当穏健であるべきテレビドラマの世界では、まだまだ女性の婚外の行為に対して厳しい見方が続いていた、と言ってよいのではないだろうか。

要するに、ドラマの中で既婚女性が不倫をした場合は、それが許されることはほとんどありえず、夫との夫婦関係の修復はまず不可能、という筋立てが、ほんの二十年三十年くらい前までは圧倒的だったのである。そういうなかで、『親愛なる者へ』は九二年という早い段階で、互いに不倫した夫婦がそれを承知の上で以前よりもいっそう深い愛情で結ばれる、という物語をわれわれに送って寄こしていたのだ。もっとも、これは、『親愛なる者へ』のシナリオの核心部分ではあるものの、全体から見ればほんの一部に過ぎず、シナリオそのものははるかに多様な拡がりと深さを、巧緻な作りによって実現している。以下ではそのあたりを、逐一明らかにしていこう。

不倫した既婚女性は凪子《なぎこ》（浅野ゆう子）という名前だ。物語は彼女を軸としつつ、過去と現在とを複雑に行き来し、さまざまなかたちで彼女と関わりを持つ男女が登場する。彼女と夫（望＝柳葉敏郎）との結婚は三年前。知り合って半年後の結婚だったが、そもそも凪子には破局した元カレ（奥寺＝佐藤浩市）を忘れるためという不純な動機も混じっていた。妊娠した望との子を式の直前に中絶したのも、産むなら奥寺の子をという思いを断ち切れなかったからだ。

その奥寺と凪子が結ばれたのは五年前。フィリピンやマレーシアで大々的に開発事業を展開していた九条物産（奥寺はその先兵）の同僚同士の熱愛だった。しかし、その二年後、奥寺はやはり同僚の弥生（斉藤慶子）との結婚を選び、失意の凪子は安眠用品を扱う寝具会社に転職し、デパートの展示コーナーで望と出会う。

凪子と望の結婚から三年が経過し（ここが作中の現在時点）、事態が動き出す。凪子は弥生と再会して、二歳の子供がいるにもかかわらず仕事人間の奥寺に愛想を尽かして近々離婚するつもりであることを聞かされる。同じ頃、別の元同僚から、奥寺が一年前にフィリピンのODAがらみの大事故の責任を取って今は閑職に追いやられたことを聞き、離婚話と相まって、奥寺への屈折した思いが再燃する。ちょうどその頃、二人のかつての行きつけのバーで凪子は奥寺と再会する。ここから奥寺の凪子へのアプローチ（「俺たちはまだやり直せる」）と凪子の逡巡が続くことになるが、再会は第一回目であり、先走って言うと奥寺に押し切られて二人が関係を結ぶのは全十二回中の七回目というペース配分である。

他方で、望にも焼けぼっくいに火がつく事件が持ち上がる。大学の同窓会で、かつて怪我で短距離離選手としての将来を棒にふったことに同情してプロポーズまでしてしまったるい子（横山めぐみ）と再会したのである。るい子は今は高校の体育の教師として、アトランタ五輪を目指す永実という女性選手のコーチをしていたが、指導方針の押しつけに反発する永実の態度や、永実とボーイフレンド（大輔）との関係に悩まされていた。そして再会を機に木曜の休みごとに一緒の時間を持つようになった望とるい子が一線を越えたのは、これも先走って言うと、奥寺の存在に感づいた望が凪子から不倫の事実を告白されたあとの第九回においてだった。

心理表現とドラマならではの仕掛け

このような過程を経て互いに不倫してしまった夫婦が、以前よりもいっそう深い愛情によって結ばれるためには、いったいどのような工夫や展開が必要なのだろうか。まして時代は九〇年代初め、前述のようにテレビドラマの世界では、まだまだ女性の婚外の行為に対しては厳しい見方が続いていた時代である。できあがった作品を呑気に観るだけのわれわれにはうかがいしれないほどの力業《ちからわざ》がそこには必要とされていたはずである。

まずは登場人物たちの気持ちの推移がしっかりと表現されていなくてはならない。それぞれの相手である奥寺やるい子の気持ちもだが、危機を乗り越えて今度こそほんとうの夫婦愛に辿りつかなくてはならない凪子と望の気持ちの推移と決断が、自然な流れとして説得的に表現されていなくては、せっかくの斬新なテーマもぶちこわしだ。もちろん、そこにはシナリオ要素だけでなく、浅野ゆう子と柳葉敏郎の演技、すなわちキャスティングと演技というドラマ要素も大きく関わってくるわけだけれども。

凪子が結婚当初から、あるいはそもそも結婚動機のなかにも、奥寺への気持ちをひきずっていたことはすでに紹介した。しかし、三年間の望との生活は確実に凪子を変えた。そんな凪子が動揺を見せるようになったのは、奥寺の離婚話、大事故の結果左遷されたこと、そして何よりも当人からもう一度やり直したいという思いを打ち明けられてからであった。そのあげくが、何度か行き来するうちに半ば強引に抱かれるという結果を招いたのだが、その直接のキッカケは、望とるい子の逢い引きに気づいて奥寺を頼っていったことにあった（第七回）。

その意味では凪子の不倫の一因は望にあり、心ならずもそこに追い込まれていったという様な側面もないわけではなかった。事実、望に不倫を告白して離婚が現実味を帯びてからも、凪子は望への思いを断ち切ることができなかった。ふたたび奥寺に迫られても、自分はゼロにはなれない、捨てられない何かがある、と拒み続けたのだから（第十回）。

望のほうも、友人のカウンセラーには一般論として、男の浮気と違って女房の浮気は帳消しになどできないと公言し（第八回）、いったんは自分のほうから離婚を切り出したものの、渡された離婚届を手にして凪子がマンションを去っていく時には、駅までの道を歩く凪子の姿とこれまでの二人の来し方を想像して、たまらず自転車で凪子を追いかけてしまう。二人の来し方を想い起こしつつ、というのは駅までのなじみの通勤路を辿る凪子の場合も同様だった。しかし、結局「お前は、一度きりの過ちで、それは昔の恋人で、俺がそれを忘れさえすれば、俺たちはひょっとしたら元通りに……」という望の未練がましい言葉は、やんわりと拒絶されてしまう（第九回）。

ハッピーエンドへの着地のためには、気持ちの推移を説得的に表現するだけでなく、ドラマらしい派手な仕掛けも用意されなくてはならない。最終回の舞台と月日は、かつて望と凪子が胎児を中絶した医院のある海辺で、二人は別々に例のカウンセラーの言葉に導かれて（凪子も偶然ここに通っていた）、三年前に初めて二人が結ばれた記念日にこの海辺を再訪する。

これだけでも仕掛けとしては十分におもしろいが、二人は大きな賭けと決断の果てにここに辿りつくという設定になっていた。凪子のほうは、会社の不祥事（ODAがらみの汚職）を新聞紙上で内部告発した奥寺の、新聞に記事が載ったら辞表を叩きつけ用意した新居のマンションに行くから「待ってて欲しいんだ」という懇願をはねのけ、望のほうは、選考会で永実が一着になってオリンピックの候補選手になったら別れる、というるい子の言葉を受け入れて。

『親愛なる者へ』を凌駕する小説はあるか

ここまでは『親愛なる者へ』の骨格部分としての、互いに不倫した夫婦が危機を乗り越えて再び結ばれるまでというテーマの、時代に先んじた新しさと、それを可能にした心理表現とドラマならではの仕掛けの周到さを紹介した。いずれもシナリオ要素の話だが、枝葉にあたる部分でも、このシナリオにはさまざまな趣向や工夫が凝らされている。そのあたりをもう少し紹介しておこう。

まずは出だしである。第一回は望と凪子の結婚式のシーンから始まるが（したがって今から三年前）、それに先立って二人の生い立ちが「8ミリフィルム風に」映し出される。ナレーションは二人が担当し、それぞれ相手の生い立ちを紹介するという、例のやり方だ。一見、結婚式場で映し出されるそれのようだが、厳密に言えばそのあとの結婚式の場面でこの二人の生い立ちの映像が流されることはないので、そのためのものではないらしい。

それはともかくとして、重要なのは二人の少年少女時代の海辺の風景中にチラッと映り、つづくタイトルバックの画面でも最初に映る海辺の丘の上の電柱の存在だ。

この光景の意味はこの時点では視聴者にはまったく見当もつかない。というか、凪子の少女時代にも望の少年時代にも関わりを持ち、かつタイトルバックの最初にも登場する、ということから難解な謎解きに挑戦した視聴者もいたかもしれないが、それは例外中の例外だろう。この光景の意味が正面切って明かされるのは、何と最終回の第十二回においてだったのである。

三年前に初めて二人が結ばれた記念日のこの日、前述のように二人は、凪子は宙ぶらりんだった奥寺との関係を断ち切り、望もるい子との関係を断ち切り、二人がそれと知らずに同時にカウンセリングを受けていたカウンセラーの言葉に導かれて、堕胎という「過去の共通の悲しみ」を抱いて「記念日を過ごすにふさわしい場所」（第十二回）へとやってくる。三年前に結婚式を前にして二人が軽率にもわが子を葬った房総の海辺である。そしてそこで二人は思いがけなくも再会を果たすのだが、その部分のト書きは、このようになっている。

［病院の見える海辺］

凪子が来る。遠くの波打ち際に――いた。ポッンと男の姿。望だ！電流が走ったように立ち尽くす凪子。望はまだこちらに気付かない。凪子、どうしたらいいのか分からず、律子（産科医院の女医、藤井注）に救いを求める眼差し。（中略）

その時、望がこちらを向いた。望も電流が走った。遠い距離の元夫婦。凪子の方から距離を縮めた。ゆっくり砂浜を踏み締めていく。望は波の傍で迎えようとする。

最初は「他人の距離で」流木に並んで腰かけていた二人だったが、やがて互いに少年少女時代の海辺の思い出を語り出す。凪子は電気技師の実の父がそこから落ちて亡くなった海辺の丘の上の電柱の思い出を。……　そしてそれを聞いた望は今さらのようにそれが、少年時代に登って岬の赤い鳥居を見下ろした電柱であったことに気がつく。リゾート地のホテル設計の仕事で全国を渡り歩いていた父に連れられて望の一家も短期間だが凪子が住む町に滞在したことがあったのである（周到にも第八回で望がこのことをチラッと話題にして凪子の町の名を聞いていたが、奥寺とのことがあったばかりの凪子は上の空だった）。

［もとの波打ち際］
この運命、二人はまだ信じられない。鳥肌が立つ思い。そして望は長年求めていたもの（帰るべき故郷としてのイエ、戦友としての伴侶、藤井注）をやっと見つけた思いで、
望「故郷だったのか、俺たちの」（中略）
凪子「……あたしたち、どうしてもっと早く、そのことを話さなかったのかしら」
望「こんな大事なこと、今になって、やっと話すなんて……」
凪子「手遅れなのに」
と立ち上がった。これ以上話していてはいけないと思ったのだ。

しかし、望はそうは思わなかった。身を引いて立ち去ろうとする凪子に「帰る場所はあるのか！」と呼びかけ、「俺は……ある」と畳みかける。「子供の頃、同じ海を見ていた女と、一緒に帰る場所なんだ」。「お前も同じ気持ちなら」、「やっぱりあの場所に帰りたいと思うんなら」、「頑張って、みようか」。

互いに不倫してしまった夫婦が、にもかかわらず以前よりもいっそう深い愛情によって結ばれた瞬間である。あるいはこれを、『親愛なる者へ』というドラマが、時代に先んじ

て、そうした困難な課題を驚異的な力業でねじふせた瞬間、と言い換えてもいい。特にこの海辺のシーンでは、シナリオだけでなく、主役二人の熱演、中島みゆきの歌う主題歌「浅い眠り」の絶妙なかぶせ方など、ドラマ要素に負う部分も少なくないが、だとしても、やはり『親愛なる者へ』という作品がシナリオ要素の完成度が突出した作品であることに変わりはない。

シナリオやドラマとして見た時にはもちろんだが、もう少し広く、たとえば小説などと比べてみた時にも、『親愛なる者へ』の完成度は他を圧しているのではないだろうか。たとえば近代文学の頂点とされる夏目漱石の作品と比べても、過去の三角関係が再燃する物語としての『それから』や、夫婦がわかり合うことの難しさをテーマにした『道草』、夫の過去の女性関係を気に病む女の物語としての『明暗』などのほうが優に『親愛なる者へ』を凌駕《りょうが》する、とは必ずしも断言できないのではないだろうか。

緻密な時間構成、起承転結のなめらかな流れ、登場人物たちの自然な心の動き、などはもちろんのこと、生起する出来事にも不自然さを感じさせるものは皆無といってよい。要するに計算され考え抜かれた巧緻な作り、ということだが、といって謎解きミステリーのように、巧緻さだけを売り物にしているわけではない。むしろこの作品の最大の特色は見てきたような重厚なテーマにこそあったわけで、その意味ではドラマでありながらむしろ本格文学のお株をも奪うほどの水準に達していたと見ることもできるのである。

漱石作品と比べてもそうなのだから、それ以降の、あるいは近年の、群小小説などはとても太刀打ちできるものではない。そもそもドラマなどと比べられることなどありえないから、お山の大将でいられるのだが、いったんその囲いを取り外して同列に置いたとしたら、果して『親愛なる者へ』を凌駕する現代小説がいったいいくつあるだろうか。

もちろん、セリフを中心とするシナリオに対して地の文を中心とする小説、という根本的な違いはあるから、完全に併置・比較できるわけではないが、そうした文体の側面は作品評価全体の一部でしかないのだし、それよりなにより、近年はセリフで埋め尽くされたやる気のない「小説」のほうが多数派となってしまった。……

「お山の大将」問題にもどれば、それほどわれわれは、ドラマと小説を比べるなんて！とか、文学は高尚でドラマは低俗！　とかいった意味もない先入観や固定観念に囚《とら》われているわけだが、そんな無意味な区分などはさっさと取っ払ってしまって、果して『親愛なる者へ』を凌駕する作品はありやなしや、と本気になって問うてみるほうがよっぽど健全な発想であり態度なのではないだろうか。

精彩を放つ脇役たち

閑話休題。ここまでがいわば漱石作品にも匹敵する諸特徴を見てきたのだとすれば、ここから先は、おそらく『親愛なる者へ』の独走ぶりを見ていくことになる。その一つがたとえば脇役の活用法だ。これは設定とキャスティングとがあいまってのことだから、シナリオ要素とドラマ要素の合体と見るべきだが、脇役たちが精彩を放っているのもこの作品の大きな特徴である。

年輩組では、閑職に追いやられた奥寺の上司で、復讐心のとりことなった奥寺を諭したり、時に助けてくれたりもする松井課長（小坂一也）がいる。社内の出世競争で敗れた相手が捨てた女性を「恋女房」とするなど、独自の人生観を持つ男を小坂が好演している。凪子の義父で、実の父母亡き後も凪子のことを気にかけてくれ続けた竹彦（河原崎長一郎）の言動も泣かせる。そうした彼の本領は、たとえば凪子と「離婚」した望を詰問する場面でいかんなく発揮されている。

竹彦「あんたと別れる時、凪子は泣いたか」（中略）

望「……泣きました」

竹彦は堪えていたものが破裂する。拳骨で不器用に望を殴り飛ばす。望は道端に倒れる。（中略）

竹彦「……俺の、娘だぞ」（中略）

竹彦は急に腑抜けたようになり……涙目で去ってゆく。

年輩組では他にも、望の仲介で（望は不動産会社勤務）、「戦友」の妻と共に「故郷」となるべきマンションを購入しながら、借金苦で一家心中した田島（高津住男）、望と凪子の記念写真（二人はこれを葬式写真にするつもりだった）を撮った写真館主人の野口（奥村公延）などが、いぶし銀の演技を見せる。

年輩組に入れては申し訳ないが、別格として、中絶手術をしてくれた海辺の産婦人科病院の女医の南雲律子（中島みゆき）がいる。実は彼女は、凪子たち同様、子供を中絶するためにこの海辺の病院にやってきたのだが、院長の説得で出産に踏み切り、子育てをしながらその跡を継いだという過去の持ち主で、前述の海辺のシーンでは凪子たちの再出発を見守る、という重要な役どころを演じている。

どの脇役も、人物設定の妙にキャスティングと演技の妙で応えた、シナリオとドラマ両要素の手柄と言ってよい。

若いほうの脇役では、るい子の指導を受ける短距離選手の永実とそのボーイフレンドの大輔の生かし方が光っている。挫折した自分にできなかったことを無意識のうちに永実に押しつけて、永実の反発を買うるい子。その永実も陸上選手として、かつてるい子が抱え込んだのと同じような悩みを抱えていることに変わりはなく、その息苦しさの中で、練習を放棄したり、大輔との交際に逃げ込もうとしたりしている。

加えて永実にはもう一つの役割が割り当てられていた。短距離の師であるるい子の女性としての側面を見逃さず、るい子と望の付き合いぶりを観察し、その不倫まがいの行動に批判的な態度をとったりするのである。いっぽう、スポーツ選手である永実との交際に悩む大輔の姿や、その大輔に似たような立場ゆえに助言を惜しまない望の形象にも十分な目配りがなされている。

足を引っ張るようなかたちの交際ではなく、むしろスポーツ選手としての永実の成長を見守ってやるようにと説き、大輔も最後には望の忠告を受け入れる。永実と大輔を中心とした部分は、この作品の中では枝葉の部分に過ぎないけれども、〈輝いてない〉作品群の中に入れればこれだけで優に一つの作品になりうるようなエピソードが、〈輝いていた〉作品の脇をしっかりと固めているのである（これは、海辺の女医の再生のエピソードの場合も同様かもしれない）。

もう少し小技の、技巧的なレベルにも目をやれば、断片的に触れてきたカウンセラー（本堂＝小木茂光）の生かし方もなかなか味のある仕掛けだ。望の大学時代の友人で、同窓会で再会したことをキッカケにカウンセリングに通うようになり、夫婦の問題を中心に悩みを聞いてもらうのだが、それを知らずにたまたま凪子もそこに通い出したというユニークな設定である。

凪子の相談も中心は男女問題、夫婦問題だが（ただし自分ではなく、友人のことと偽って）、当初、本堂は二人が夫婦であることに気がつかなかった。しかし終盤になってそのことを知り、こわれた二人の仲を取り持つべく、記念日にあの海岸に行くよう、二人に別々に助言したことはすでに紹介した。この本堂の二人へのカウンセリングシーンは各回の最初に置かれて（二回目が望なら、三回目は凪子、というように交互に置かれている）、視聴者に二人の状況を鳥瞰《ちょうかん》させる効果をあげているだけでなく、作品に独特のリズムを生み出していることも言い添えておこう。

技巧的なレベルの特徴をもう一つ。心の声がナレーションとして多用され、効果をあげている点だ。再会した凪子と弥生の場面を例にとれば（第一回）、ふたりの会話のやりとりの合間合間に「凪子のN『逢いたくなんかなかった』」というような凪子の心の声が挿入されている。いわば表の声（会話）と内なる声（ナレーション）とが併存していたわけで、相手には半面しかわからない声の主の心理の全体が、視聴者だけにはわかるという仕組みだ。カウンセリングシーンの鳥瞰効果に通じるところもあるが、主人公たちが試行錯誤を繰り返し、悩みに悩んだあげくに決断を積み重ねていく展開の物語には恰好の心理表現、と言えるかもしれない。

ポスト・バブル期の時代性

シナリオ要素を中心にドラマ要素も含めて『親愛なる者へ』の、漱石作品をも凌駕する諸特徴を見てきたが、傑作の常として、時代要素の点でもこの作品は一級品だった。——奥寺失脚の背後にあったのはバブル期を彷彿させる商社による環境破壊だったわけだし、それに続いたのは、癒しやこころの治療が商品となる時代だったのだから。

本堂のメンタルクリニックでのカウンセリングとか、安眠を売り物にさまざまなアイディア商品を扱う凪子の勤める会社など、そのあたりの仕掛けは抜かりがない。不動産会社営業の望が四苦八苦しているのも、これまたいかにもポスト・バブル期にふさわしい。マンションを購入しておきながら一家心中した田島が借金苦にあえいでいたのも、ポスト・バブルの影響だろう。にもかかわらずそれに対して望らが、サラ金でかき集めたに過ぎない田島の銀行口座の五千万を信用してしまったのも、マンション不況にあえぐ不動産業界ゆえの自縄自縛だったにちがいない。

本章ではNN時代の始まりを告げる『親愛なる者へ』の、シナリオをはじめとする三要素の充実ぶりをみてきたが、フィギュアスケートの大会ではないけれども、最初にこんな高得点が出てしまうと、このあとに登場してくるドラマたちにはさぞかしプレッシャーになるのでは、と思われるかもしれない。しかし、ハッキリ言ってそんな心配は無用だ。何しろ時代は〝テレビドラマが輝いていた時代〟なのであり、このあとも負けず劣らずの傑作が目白押しなのだから。

確かに『親愛なる者へ』ほど三拍子そろった作品となると少ないかもしれないが、そうだとしても、もう一度フィギュアスケートの喩えを用いるなら、ジャンプなら、演技力なら、スタミナなら（?）、誰にも負けない、という一点特化型の傑作なら、いくらでも挙げることができようというものだ。いずれにしても、〈輝いていた〉頃から〈輝いてない〉頃への転換までには、まだまだ時間はたっぷりと残されている。……

第３章　もっとも文学に近づいたドラマ——『高校教師』

『高校教師』

ＮＮ時代の始まりを告げるもう一つの作品が、野島伸司の『高校教師』（九三年一月〜三月、ＴＢＳ）だった。テーマ曲としてリバイバルさせた森田童子《どうじ》の「ぼくたちの失敗」の哀愁をおびた歌声も評判を呼んだが（すでに引退していた森田童子本人が公の場に姿を現さなかったことも評判になった一因だった）、父と娘の近親相姦や教師によるレイプ、教師と女子高生との恋愛など、当時としては目いっぱいセンセーショナルな話題を満載したこのドラマは今やドラマ史上の伝説的存在となっている。

当時、このドラマの結末をめぐって、解釈が二つに分かれたことを覚えている読者の方もおられるにちがいない。新潟に向かうローカル線の座席に眠るように互いに身を寄せ合って座っていた二人は、果して生きていたのかどうか、で意見が分かれたのである。

ここに至るまでの内容を簡単に紹介しておくと、父親で美術家の二宮耕介（峰岸徹）から近親相姦の被害にあっていた教え子の繭（桜井幸子）を救い出そうとして、高校教師の羽村隆夫（真田広之）は耕介に傷を負わせてしまう。しかし耕介は肝臓を患って医者にも見放されていると告げて、繭の隆夫への気持ちを確かめた上で二人を送り出し、みずからはアトリエに火を放って自殺する。

にもかかわらず警察のほうでは、出血した耕介が二人と乗って帰宅したタクシーの運転手の証言から他殺の線も捨てておらず、行方不明の繭が事件に巻き込まれた可能性もあるとみて、二人が向かったであろう新潟（隆夫の故郷）方面の配備を固めていた。そんななか、二人の乗ったローカル線は日本海沿岸を新潟方面へと向かっていた。二人が座席に眠るように身を寄せ合って座っていたのはその車中であり、しかもこのシーンは実質的なラストシーンでもあったのである。

この部分はシナリオ（月刊『ドラマ』一九九三年四月）では次のようになっている。

○走る電車

ガラッとドアが開き、車掌がやって来る。車掌、隆夫達の席の横でフッと立ち止まる。

車掌「お客さん、コートが落ちてますよ」

しかし、返答はない。

車掌「お客さん……」

車掌、小さくため息ついて次の車輛に去っていく。

床にズリ落ちている隆夫のコート。

二人の足が並んでいる。

隆夫の膝の上、柔らかくつながれた手。

寄り添うようにして眠っている隆夫と繭。

幸せそうに、安らかな眠りについてる二人……。

窓ガラスに繭の描いた二匹の猫。

ハートで囲まれて……。

このシナリオを読んだ限りでは、二人の生死は、どちらもありえそうな気がする。というか、特に死を強く示唆するものはないので、むしろ生とみなすべきなのかもしれない。ところが実際のドラマでは、シナリオにはないある仕草が付け加えられている。――車掌が去った後に、繭の右手がダラッと垂れ下がるのである。もちろん、現実の世界では熟睡していればありうることだが、ドラマの中の表現として見た時には、その急な垂れ下がり方は死を暗示していたととったほうがいいかもしれない。

いずれにしろ、決定的なことは言えないが、これがノベライズ本（novelized by Ritsuo Doi, 一九九三年）になると、明らかに生を志向する表現が付け加えられている。

「お客さん……コートが」と言いかけて、車掌はあきらめて去った。隆夫のコートが床にずり落ちている。隆夫の膝の上で、二人はそっと手をつなぎ合っていた。

氷のように冷たかった隆夫の手足に、ぬくもりが戻っていた。もう手の震えはない。二人にとっては何日か振りの、幸せで平安な眠りだった。

シナリオ、ドラマ、ノベライズ本と、三者三様であることも生死をめぐってが論争となった一因だが、ここではあくまでもドラマ中心に考えていくこととし、シナリオと小説は参考に過ぎないことも、確認しておこう。

ドラマの中の表現として見た時には、繭の手の急な垂れ下がりは死を暗示していた可能性があることを指摘したが、仮にそうだとしても、まだわからない点がいくつかある。生にしろ死にしろ二人一緒とは限らず、隆夫一人が生き残った可能性もあるからである。さらに言えば、二人が薬物を入手していた気配というか、伏線はない。だとしたら、仮に死んだと考えるにしても、死因として思い当たるものがないのもわれわれを悩ませる点である。

そんなこんなで、結局、当時は明快な答えは得られないままに論争はいつのまにか終息してしまったような覚えがある。わたし自身も当時、『高校教師』について、講演でしゃべったり、本やエッセイで触れたりしたこともあるが、この結末問題についてはおそらく講演でしゃべったきりで、文章化はしていないような気がする。その講演でわたしが手がかりにしたのは隆夫のナレーションが「回想体」であることだったが、今回はそれを「文学にもっとも近づいた……」と捉え直すことで、再度、結末問題にチャレンジしてみよう。

回想体とは、ある時点から過去を振り返って語る、ということである。たとえば十回目を例に取ると、「あの時の僕達は、ただそこに砂の城を築こうとしていたんだね。ほとんど人の来る事のない、小さな公園の片隅に……」という隆夫の回想のナレーションが、繭を父親から保護する目的で自分のアパートにかくまっていた隆夫（自分はビジネスホテルに寝泊まり）が繭を公園に迎えにきたシーンの後に流れ、そして提供社名の画面へと移っていく。

こうした隆夫の回想のナレーションは毎回最初と最後に流れることが多く、この十回目でも最後にもう一度、「あの人は少なくてもあたしが必要なの」と言って心ならずもあの人（父親）とともに隆夫の前から姿を消そうとした繭を追って空港のロビーに駆けつけた隆夫が父親を刺してしまった直後に、「いつか君と僕は、同じ一線で結ばれた、優しい放浪者だった」という回想のナレーションが流れる。

回想のナレーションで全体を統御

回想体は明治時代の末頃から小説の表現方法として重宝され始め（代表的な使い手の一人が夏目漱石だ）、その意味では近代小説の代表的な表現技法の一つと言ってよい。仕組みは、前述のように「ある時点から過去を振り返って語る」だが、語り手は作中の一人物で、「ある時点」は特定の時期に固定されるほうが理にかなっている（振り返る過去のほうはいろんな時期があってもよい）。

それ以外の特徴としては、振り返って語る理由（なぜ）と語る相手（誰に）があるほうがより回想体らしくなり、その調子は、過去のことを反省したり悔いたりのトーンとなることが多く、また、多くは一人称体なので（ぼくはその時……だった、というように）、主観や感情が込められることが多い。

ただし、そうした特徴を備えない回想体も少なくなく、よく知られている漱石の『こころ』を例に取ると、先生の遺書のほうは、先生が（誰が）、死を前にして（いつ）、青年に（誰に）、自分の過去を知ってもらうために（なぜ）、反省や後悔をまじえ、感情を込めて、語ったもので、前述の諸条件をほぼ満たしている。これに対してもう一つの青年の手記のほうは、語る時点（いつ）、語る相手（誰に）、語る理由（なぜ）、がはっきりしない。ただ、反省・悔悟や、感情を込めて、という条件を満たしているのみだ。

『こころ』に関して言えば、この二つの回想体が、いっぽうは回想体の諸条件を満たし、他方は不完全な回想体となってしまった理由ははっきりしている。先生の遺書が本来の「過去を回想したもの」であるのに対して、青年の手記のほうは、回想体の持つ「反省・悔悟」や「感情を込めて」という特徴だけが目当てで、あとは小説の枠組みとして回想体を利用したに過ぎないからだ。

このように、『こころ』の青年の手記の場合は小説の枠組みとして利用しただけなので不完全なのだが、そうではない一般の回想体の小説の場合でも、ルーズな書き方であったり、書いていくうちにいつのまにか諸条件を忘れてしまったり、回想体の採用が一部分のみにとどまったり、といったような理由で、〈誰が、いつ、誰に、なぜ〉が曖昧であったり、途中から曖昧になってしまう例は、実は少なくないのである。

ここで『高校教師』に戻ると、先に隆夫の回想のナレーションは毎回最初と最後に流れることが多いことを指摘したが、そういう意味では、部分的、場当たり的に回想体を採用していたわけではなく、一貫して隆夫の回想のナレーションで全体を統御しようとしていたとみていい。そうなると、問題は、〈誰が、いつ、誰に、なぜ〉がどうだったか、である。

「誰が」が隆夫であることは自明であるとして、「誰に」のほうは誰に語りかけたものだったのだろうか。これも、たとえば前掲の「あの時の僕達は、ただそこに砂の城を築こうとしていたんだね。ほとんど人の来る事のない、小さな公園の片隅に……」を見る限りでは、まず繭であったと断定していい。そうなると残るのは、「いつ」と「なぜ」である。

ただ、「なぜ」＝語る理由、のほうは、先に言ってしまえば、さまざまな、それも勝手な答えがいくつも考えられるので、深入りしても徒労に終わる公算が強い。たとえば、二人の来し方を振り返るため、とか、二人の恋愛の意味を再確認するため、とか、何でも言えてしまう。それに、そもそもこの回想のナレーションが、『こころ』の青年の手記体が小説の枠組みとして利用されただけであったのと同じように、単に、ドラマの魅力的な枠組みとして利用されただけである可能性もあるわけだから、その場合は「なぜ」などを問うことはほとんど意味がない。

これに対して「いつ」のほうは、このドラマが、語る時点（今）と過去（あの頃）とを一貫してきっちりと対比させていることもあって、考察のしがいがある。最終回の第十一回で隆夫と繭がローカル線で新潟に向かうシーンにかぶせられるナレーションはこのようになっている。

N「僕は今、本当の自分がなんなのか分かったような気がする。いや、僕ダケじゃなく人は皆……恐怖も、怒りも悲しみもない、まして名誉や地位や全ての有形無形の物への執着もない。ただそこにたった一人からの、永遠に愛し、愛される事の息吹を感じていたい、そうただそれダケの……」

「今」は、第一回の最後におかれたナレーションのなかにも出てくる。——「今思えば、この時に既に僕は、彼女に惹かれていたのかもしれない。心の中のもう一人の僕が……」。三か月の期間限定で女子高の生物の教師として赴任してきた隆夫が、内面に何かを抱えた様子の繭と知り合った直後を振り返ったナレーションである。

他方、これらの「今」に対置される「あの時」は、毎回最初と最後に流れるナレーションのなかに、ほとんど毎回のように登場する。「あの時の僕には、失う物がたくさんあるような気がして……」(第二回)、「あの時の僕には、誰の声も届きはしなかった……」(第三回)、「あの時僕が見つめていたのは……」(第四回)、「あの時君は、いつもそばにいて、一緒に泣いてくれたんだね……」(同)、「あの時の自分の気持ちは、今でもよく覚えている……」(第七回)、「……ただ、あの時の僕は、一方で君に、まだ拭い切れない、嫌悪感を抱いていた……」(第九回)、などといった具合に。

これらの「この時」「あの頃」「あの時」のなかで時期的にもっともさかのぼれるのは、言うまでもなく第一回ラストの「この時」である。隆夫が日向女子高校に赴任した三学期の始業式から数日経ったある日だ。そして最終回が卒業式の日なので、二回目以降の回の「あの時」は、その間のどこかの時点、ということになる。もちろん、ドラマは時間軸に沿っての展開なので、あとのほうの回なのに前のほうの時点、というようなことにはならないが。

では、それらの「あの時」を振り返っている「今」とは、「いつ」なのか。作品内に無理やりその時点を求めようとするなら、可能性があるのは、前掲の、最終回の第十一回で隆夫と繭がローカル線で新潟に向かうシーンに「僕は今、本当の自分がなんなのか分かったような気がする。……」云々というナレーションがかぶせられた時しかない。

これは前述の二人の生死問題とも関係するわけで、かりに隆夫が車中で死んだとすれば、やはり振り返ることができるのは、この時点しかない。しかし、このように作品内に回想時点を求めると、やはりいろんな点で窮屈にならざるをえない。たとえば、「あの時」というかなり回顧的なトーンは、最長でも始業式から卒業式まで二か月余りしか経っていない時点からのものと考えるのはかなり無理があるし、また、新潟に向かう車中で一気に大量に（?）振り返ったと考えるのも、これまたそうとうに苦しい。

こうした点からも、少なくとも隆夫は生存していて、新潟行きからかなり（できれば何年も）経った時点で二人のあの二か月間を振り返っている、ととるのがもっとも穏当な見方なのではないだろうか。しかし、これはあくまでも、回想体の原則に忠実につくられていた場合のことであって、たとえば回想体の感傷的なトーンだけがお目当てで回想のナレーションが採用された可能性もないわけではないことは断っておかなくてはならない。ただ、いずれにしても、この『高校教師』が近代小説の代表的な表現技法の一つである回想体というテクニックを駆使したドラマであった、という事実そのものは動かないわけだけれども。

平成版の望郷・帰郷物語

『高校教師』と文学、小説との関わりをめぐっては、もう一つ、重要な特徴を指摘しておかなくてはならない。それは、やはり近代小説における主要なテーマの一つである望郷・帰郷物語という骨格を、このドラマが持っていたということである。

もちろん、望郷・帰郷物語は、文学の専売特許というわけではないし、現に流行歌には多くあるし、ドラマの中にだってないわけではない。しかし、ドラマドラマしたテーマということでは、『高校教師』の場合、父と娘の近親相姦や教師によるレイプ、教師と女子高生との恋愛など、すでに十分だったわけで、そこにあえて望郷・帰郷物語という性格を加えたところに、このドラマの「文学に近づいた」一面を見ることも可能だろう。

このことは、このドラマが他方で文学の代表的な技法の一つである回想体を採用していたということとも無縁ではないかもしれない。というより、このドラマにおいては、文学的技法（回想体）と文学的テーマ（望郷・帰郷）とはひとつながりのものとして見ることもできるかもしれないのだ。『高校教師』を「もっとも文学に近づいたドラマ」としたのも、舞台裏を明かせばそうした理由に基づいているのである。

それでは『高校教師』における望郷・帰郷物語は、どのようなものであっただろうか。

——生物学の研究者の卵である羽村が、三か月という期限付きで日向女子高校に赴任したのは、婚約者の父でもある恩師の薦めによるものであった。やがて研究室に戻り、幸せな家庭も築いて、と明るい未来を疑わぬ羽村だったが、実は恩師には、かつて羽村の論文を借用したという負い目があり、また、その娘が羽村との婚約に踏み切ったのも、単に、束縛されない相手であるという、愛なき打算によるものであった。

こうして、もともと罅《ひび》が入ってもいた羽村の未来への夢は、その婚約者が恩師（父）の別の教え子とも関係を持っていたことを知ったのをキッカケとして、婚約解消、研究室への復帰の断念、といった具合に音を立てて崩れてゆく。――「僕は……何もかも失ってしまった……ささやかな未来も……」（第四回）。

このドラマのみどころは、評判になったようなセンセーショナルな側面にのみあるわけではなく、羽村がすべてを失った地点から、実父との近親相姦の泥沼のなかでもがく教え子の二宮繭との愛と望郷という、二つの主題がおもむろに浮上してくる卓抜な構成のほうにこそあったのかもしれない。しかも、その二つはひそかに手を結びながら、羽村を最後の、そして絶望的な旅へと誘い出すのである。

前述のように、羽村が「何もかも失ってしまった」のは、全十一回からなるこのドラマの、第四回においてであった。そして不忍池のほとりで悲嘆の涙にくれる羽村のかたわらにいたのは、繭であった。また、羽村の前に、見捨ててきたはずの〈故郷〉が姿を現すのは、つづく第五回においてだった。新潟の田舎で農家を継いで大学院への仕送りまでしてくれていた兄が、上京してくるのである。

しかも、同じ第五回で、鎌倉に遠出した羽村と繭は「衝撃の一夜」を共にすることにもなる。さらに、ここで見逃せないのが、鎌倉の海辺で、太平洋側の海と日本海側の海とでは「どっちの海が好き?」と問われた羽村が、「そりゃあ、新潟の海さ」と答え、いつかは繭を、自分のふるさとの海へ連れてってやる、と約束していることだ。未来を絶たれた羽村に残された最後の拠り所ともいうべき、繭との愛と望郷の思いとがここで一つになり、最終回の帰郷につながる、遥かな布石となっているのである。

結局、羽村は、繭を父親から解放してやろうとして、繭の父の二宮に危害を加えてしまう。深手を負った二宮はみずから家に火を放って果てるが、警察の追及は、繭や羽村の身辺にまで及び始め、そんななか、二人は鎌倉での約束を果たすべく、羽村の故郷をめざすことになるのだが。……

もっぱらセンセーショナルな側面ばかりが注目されたこのドラマをこんなふうに読み換えることもできるとしたら、そこからうかがえるのは、望郷・帰郷物語という構図が、いかに深く、われわれのなかに根をはっているか、ということであるにちがいない。民俗学者の柳田國男が『明治大正史　世相篇』（昭和六年）のなかで指摘した明治期に始まる都市と地方との人的交流や、大正期に入る頃から本格化した農村から都市部への人口移動が、ピークを迎えるのは、言うまでもなく、昭和三十年代から四十年代にかけての、いわゆる高度経済成長の時代である。

だとしたら、望郷・帰郷物語の全盛期も、やはりその時代に求められなくてはならないはずだが、それからすでに三十年、四十年の歳月を経ているにもかかわらず、この『高校教師』の場合のように、依然として、望郷・帰郷というモチーフが、しぶとく生命力を保ち続けていられる理由は、何だったのか。

もちろん、出郷者数がゼロになったわけでもない以上、高度成長期と同様に望郷・帰郷物語が紡がれ続けたとしても不思議はない。問題は、それがなぜ、広範な支持を集める普遍的テーマたりえたのか、という点である。

ここで想起されなくてはならないのが、よく言われることではあるけれども、望郷という情念・行為の空間的、時間的特性である。たとえば、われわれが故郷のことを思い出す場合のことを考えてみよう。それは、必ず、ふるさとにあったあの日々のことを思い出す、というかたちをとるはずだ。つまり、望郷とは、空間軸上を移動してふるさとに思いを馳せると同時に、時間軸上をも移動して、過去（若かりしあの頃、とか）にも思いを馳せる情念・行為にほかならなかったのである。

出郷・帰郷という具体的な人口移動が、漸減ないしは激減したにもかかわらず、依然として望郷・帰郷というモチーフが多くの人々の共感を呼び続けているとしたら、その理由の一端は、たぶん、見てきたような望郷という情念のもつ時間的特性、すなわち、返らぬ過去の追慕、という側面の普遍性・不滅性に求められるはずである。

それゆえに、本来なら望郷・帰郷物語には無愛想なはずの定住者にとってさえも、時間軸上を移動して過去を追慕する旅、というモチーフは、十分に切実なテーマたりえたのだ。センセーショナルな縁取りをふんだんにほどこされた当世風の『高校教師』というドラマが、そのいっぽうで、望郷・帰郷物語という、いっけん古風で（文学的な）筋立てを採用した理由も、おそらくここにある。

その意味では、このドラマを、柳田國男の言う明治期に端を発し、おそらくは高度成長期にピークを迎えたであろう望郷・帰郷ものの系譜に連なる作品と考えてもいいわけだが、そうだとしても、これが、あくまでも昭和ならぬ平成の時代の産物である以上は、どこかには時代の影が落ちているにちがいない。

『高校教師』の場合、二人はついに故郷にたどりつくことはなかった。前述の、死んだのか眠っているのかで放映当時話題となった、二人が座席で眠るように身を寄せ合っているシーンで終わってしまったのであり、あるいはこうした終わり方こそが、平成版の望郷・帰郷物語にふさわしい終わり方であった、と言うこともできるかもしれない。

いずれにしてもこのドラマが、文学の香りをぷんぷんさせたシナリオ要素、主に音楽とキャスティングの面でずば抜けたところを見せたドラマ要素、そして性という嵐に若者たちが翻弄される時代を描いた時代要素と、ドラマ学で言うところの三拍子そろった、NN時代を代表する傑作の一つであったことはまちがいない。野沢尚の『親愛なる者へ』が九二年、そしてこの野島伸司の『高校教師』が九三年と、NN時代は始まったばかりであり、そうだとしたらわれわれの九〇年代ドラマ再発見の旅も同様に、まだまだ始まったばかりなのである。

第4章　テレビ革命とドラマ——『青い鳥』『恋人よ』

技術革新の追い風

九〇年代はテレビをめぐってさまざまな状況の変化や、技術革新が見られた時期でもあった。ビデオ録画の普及によってドラマの作られ方がより緻密になったのではないかということはすでにプロローグで指摘しておいたが、いま手元にある『テレビ史ハンドブック』改訂増補版（一九九八年）中の「放送技術年表」で確かめてみると、八六年にホームビデオ所有率が五〇パーセントを越す、とある。

ビデオ録画以外でテレビドラマの変貌と影響関係がありそうな技術革新を思いつくままに挙げてみると、撮影用カメラの高感度化・小型化、テレビ（受像機）の画質と音質の技術革新、編集作業でのコンピューター利用、などが挙げられる。これらに関わるものをやはり「放送技術年表」中から拾ってみると、以下のようになる。


八一年、ソニー高品位テレビ（HDVS）を発表。

八二年、NHK、VTR一体型カメラを全国に配備。

八四年、NHK、高品位テレビ伝送のためのMUSE方式発表。

八五年、NHK方式の高品位テレビ「ハイビジョン」と愛称決定。

八七年、各局にCCDカメラ・デジタルCTR増える（カメラの小型化、藤井注）。衛星放送受信世帯一〇〇万に到達。

八八年、NHK、ソウル五輪を衛星でハイビジョン中継。

九〇年、民放各局クリアビジョン放送（従来のアナログ放送の画質を改善、藤井注）を本格化。

九一年、ハイビジョン試験放送開始。

九二年、簡易型ハイビジョン受信機の発売盛ん。NHK衛星受信世帯五〇〇万に到達。

九三年、ノンリニア編集機（コンピューター利用の編集、藤井注）に注目。ハイビジョン受像機一〇〇万円を下まわる価格で発売。

九四年、放送局、プロダクションでノンリニア編集、本格的実用化。
九五年、函館空港ハイジャック事件、深夜超高感度撮像管（ハープ管）で撮影中継（ハイビジョン対応夜間用超高感度カメラ、藤井注）。ワイドブラウン管テレビ急速に普及。

大雑把にまとめるなら、撮影用カメラの小型化と高感度化（夜間撮影向き）は八〇年代後半から九〇年代前半にかけて進み、放送のほうも九〇年頃からクリアビジョン放送が増え、またそれに対応してテレビ（受像機）のほうも九〇年代に入る頃からハイビジョン対応に近いものが出回るようになって画質は飛躍的に向上した。編集のコンピューター化が進んだのもやはり九〇年代に入ってから。それとこの表には出ていないが、音質のほうでも九〇年代に入る頃から音声多重放送とステレオ放送がドラマや映画放映などでは一般的となり、当然受像機のほうにもそれに対応する機能がつくようになった。当時のドラマを観ると、ステレオ放送を意味するSマークが麗々しく画面に表示されていて、送り手受け手双方のこうした技術革新に対する意気込みや心の弾みのようなものが伝わってくる。

それはともかくとして、こんなふうにまとめてみると、テレビドラマが九〇年代に入る頃から、いかにこれらの技術革新＝テレビ革命の追い風を受けていたかがわかる。というか、それらを積極的に活用することでいくらでもスキルアップすることが可能であったわけで、そうした努力をした作品と旧態依然たる作り方の作品とでは大差がついてしまうのは当然だった。

この章ではそうしたテレビ革命の追い風を受けて技術革新を自家薬籠中のものとした作品を二つ紹介することにしよう。『青い鳥』（九七年一〇月～一二月、TBS）と『恋人よ』（九五年一〇月～一二月、フジテレビ）、脚本はどちらも野沢尚だ。

『青い鳥』

とにかく『青い鳥』の始まり方には圧倒される。夜明け前の闇の中、向こうに山並みが見えている。空はかすかに蒼い。地上近くに明かりが一点ほぼ動かないように見える。次は、その明かりが横にかなりのスピードで移動していく。地表近くの黒に対して向こうの山並みはかなり青くなっており、その背後の空はさらに明るく、薄青色になっている。徐々に夜が明けつつあることのしるしだ。

カエルの鳴き声がさっきから聞えており、次は田舎の泥道をカエルが跳ぶ姿がとらえられ、そこを男性が乗った自転車がカエルにベルを鳴らしながら走り抜けていく。跨線橋を越え、やがて町なかを小気味よくカーブしていく自転車の男性。町は、たとえば人口三万人くらいの地方都市で、その駅前商店街とおぼしきところを男性の自転車が走り抜けていく。

まだ商店街の街灯はついている。黒く沈むように眠っている家並みの黒に対して、横断歩道が白く浮かび上がり、点々と連なる白い街灯が道なりに向こうへと続き、そのすきまから、明るみかけた空（紫とピンクと薄青が混じり合っている）がのぞいているという、何とも絵画的な構図だ。

やがて男性が辿りついたのは田舎の小さな駅。男性は駅員で、これまでの光景は、早朝の出勤風景であったとわかる。目覚ましでも起きない当直の同僚に声をかけ、制服制帽姿でホームの掃除を始める。テーマ曲が流れだし、表示板から駅の名前は「きよすみ」（清澄）であるとわかるが（松本市の近くらしい）、ここで早くも重要な小道具である小鳥が出てくる。改札近くにつるされた鳥かごのなかの小鳥はどうやらこの駅員が世話をしているようなのだ。そうこうするうちにバスが到着し、大勢の出勤客が電車に乗りこんでいくが、入れ違いに大きな旅行カバンを持って降りてきたのが、のちにこの男性と運命のいたずらで数奇な関係を結ぶことになる母娘だったのである。

無粋かもしれないが、ここで『青い鳥』の話の全体を簡単に紹介しておくと、男性の名前は柴田理森《よしもり》（豊川悦司）といい、のちに、今この駅に降り立った女性（かほり＝夏川結衣）と逃避行をくわだて（もちろん娘の誌織＝鈴木杏も一緒に）、夫（綿貫広務＝佐野史郎）らに追われるなかでかほりが崖から転落死し、その責任を取って服役することになる。

六年後、仮釈放となった理森は保護司のいる下関に行くことになるが、身辺整理のため立ち寄った清澄で十五歳になった誌織（山田麻衣子）と再会し、母の骨を散骨するために鹿児島の離れ小島に行きたいという誌織の願いをいれて、仮釈放中の身であるにもかかわらず誌織と行動をともにしてしまう。かつて妻を奪われた、誌織の義父である広務の執拗な妨害、理森の幼馴染で、理森への愛と誌織への嫉妬とに引き裂かれた美紀子（永作博美）の干渉などもあったが、二人は無事離れ小島での散骨を終え、再度の収監を覚悟した理森は誌織と別れる決心をする。しかしその四年後、今度こそ刑期を終えて出所した理森は清澄駅のホームで誌織と二度目の再会を果たすのだった。

こんなふうにまとめてみると、シナリオ要素としては伏線や仕掛け、趣向などは緻密に計算されているが、全十一回の流れとして見た時には、二度の出所に二度の再会など、首をかしげたくなるような個所が少なくない。その意味では『青い鳥』は明らかにドラマ要素のほうが勝った作品なのである。

闇や明暗の映像表現

第一回の導入部の完璧な映像表現は見た通りだが、特に闇や明暗の表現にあたっては、同時期のテレビ革命から多大な恩恵をこうむっていたと考えられる。カメラの場合で言えば小型化と夜間の超高感度化、それを映し出す受像機のほうは画質改善、さらにはステレオ放送の普及、といったような。

導入部にも匹敵するほどの映像表現が第一回にもう一度出てくる。夜、理森が小高い丘の上で木にもたれかかって虫の音に耳を傾けながら草笛を吹いていると、そこに詩織（この時は九歳）がやってくるという場面である。詩織は家には内緒で星を見にきたと言い、星空を見上げながら星の地図なるものを描き出す。そしてそこにおきまりの流れ星が夜空を横切る。

流れ星を見ても特に何も願わなかったという理森に対して「幸せなんだね」と言う詩織。

これに対して詩織のほうは、ママが幸せになるように、と祈ったと言う。東京でダメ夫と水商売で苦労してきた母が再婚相手である広務や綿貫家（舅の純一朗＝仲谷昇はことあるごとにかほりに冷たく当たった）とうまくやっていけるように、というのが小さな詩織の大きな願いだったのである。

満天の星のもと、大きな木の根元に二人で並んですわり、本好きの詩織が読みかけていた『青い鳥』のその先を話してやる理森。未来の国の時のおじいさんがまだ生まれていない子供たちに、地上に生まれる時には何かおみやげを持って行かなくてはいけないよ、と言うという話だ。未来では恋人同士でも地上に生まれた時には別々、の話の結末に関心を示す詩織に対して、それを思い出せない理森。ドラマ要素の映像表現だけでなく、シナリオ要素としてもその先を暗示する重要な個所だ。

『青い鳥』が闇や明暗の映像表現に全力投球していることは、最終回でもう一度そうした映像表現が出てくることからも裏付けられる。鹿児島の離れ小島で徹夜した二人が闇の中で、はるかかなたの水平線上に一瞬姿を現すであろう南十字星を、今か今かと待ちわびる場面である。ここでも、当初の真の闇が次第に赤みを帯び、徐々に夜が明けていくまでの暗から明へのおもむろなる移行が、今度は南国の小島を舞台として見事に映像化されている。

『恋人よ』

『青い鳥』の放映開始は九七年一〇月。それに対して『恋人よ』のほうは、それより二年前の九五年一〇月だ。前掲の「放送技術年表」で見ても、テレビの技術革新が急速に進んだこの時期には、二年の違いはとほうもなく大きなものだったにちがいない。もちろん、第一義的にはドラマそのものをトータルに比較すべきだが、ともかく、『恋人よ』には、『青い鳥』の一大特色とも言うべき闇や明暗の映像表現はまったくといっていいほど見られない。ただ、後述するように『恋人よ』もやはり、シナリオ要素よりもドラマ要素のほうが勝った作品だったことはまちがいない。では『恋人よ』には、闇や明暗表現に代わって、どのようなドラマ要素の冴えが見られただろうか。

その前に、これも簡単に、どんな話であるか紹介しておこう。この作品も実に緻密に作られた話だから、うまくまとめられるかどうか心許ないが、ごく簡単に言ってしまうと、隣り合わせの二軒に住んだ二組の新婚夫婦が、それぞれ隣家の夫や妻と心を通わせていくという内容だ。ただし、そのうちのひと組は元恋人同士で、結婚式の三か月前にふとしたことで再会して一度だけ情を交わしたことがあり、その結果、女性のお腹の中の胎児が今の夫の子なのか、元恋人の子なのか、八か月後に生まれてから血液検査をしてみないとわからない、というとんでもない設定となっている。

もうひと組は同日同式場で式を挙げたことで出会った二人だが、女性のほうは夫が捨てた部下の女性から殴り込まれ、自殺未遂までされて、式を前にして夫に半ば愛想尽かししてしまう。男性のほうは、新婦に三か月前の浮気を告白され、放心状態となって式場周辺をうろつき、式を前に夫の不実を突き付けられた女性と、池のまわりの手すりの場所取りをめぐって口論となり、最初に男が池に転落、次にそれを助けようとした女も池にはまり、二人ともずぶ濡れになってしまう。

結局、男は女の部屋で着替えをさせてもらい（新婦のいる部屋には戻りづらく、いっぽう女の夫は仕事でまだ到着していなかったので）、互いの放心の理由を打ち明け合うことで心を通わせ（ただし二人とも今の相手と別れるつもりはない）、半年後の再会を約束する。そして約束通り半年後の一〇月二〇日、池に落ちた女は男から聞いていた電話番号から住所を探り当て、男と浮気妻の住む家の隣に越してくる。ちなみに浮気妻の出産予定は一一月半ば、もうすぐそこに迫っていた。

ここらでそろそろ人物名も紹介しておくと、四人が主役だが、そのなかでも主役度の強いのは池に落ちた女で、鴻野愛永《まなえ》（鈴木保奈美）という。彼女と半年後の再会を約束した浮気妻の夫は宇崎航平（岸谷五朗）、その浮気妻は宇崎粧子（鈴木京香）。部下の女性を捨て、愛永の押しに負けて結婚を約束しながら、元カノである粧子と浮気したのが鴻野遼太郎（佐藤浩市）である。

ただし、登場人物同士はこれらの関係や相手の名前を当初は知らされていない。愛永が夫の部下の女性から夫に思い人（粧子のこと）がいることをほのめかされたり、遼太郎が粧子から、愛永がラブレターのやりとりをしていると教えられたりして、徐々に知ってい く仕掛けとなっているのである。その間、隣家同士の両家は交流を続け、少しずつ事態は破局に近づいていく。その中にあって、遼太郎の部下の女性の季里子（櫻井淳子）、体育短大講師の航平に片思いの教え子の美緒（水野美紀）、などが観察者や密告者として活躍するという仕組みだ。

愛永のラブレター云々は、郵便局の私書箱を介して航平とのあいだで交わされたもの。

愛永の提案で、私書箱に手紙を入れた日にはベランダの物干しに黄色いハンカチをぶら下げることになっていた。もちろん愛永も言うように、山田洋次監督の「幸福《しあわせ》の黄色いハンカチ」を踏まえた趣向である。

破局というか、クライマックスは、言うまでもなく、粧子の赤ちゃんの血液検査の結果が出る日だ。結局赤ちゃん（安輝）は航平の子ではなかった。しかし、航平は自分の子として粧子とともに育てようと心を決める。安輝が粧子と遼太郎の子だと知っているのはその二人だけで、愛永と航平は、単に正体不明の粧子の元カレの子だと思い込んでいたのである。

二度目の破局は遼太郎がついにそのことを二人の前で暴露した日だ。うすうすわかり始めていた愛永はともかく、初めて遼太郎と粧子に欺かれていたことを知った航平のショックは大きかった。こうして結局二組はともに離婚し、遼太郎・粧子・安輝という本当の親子の新生活だけがスタートすることになる。航平と愛永も新生活へ、という安易な道は二人の思いもよらないところだった。ただし、住まいは十五分ほどのところで、二人の「清らかな関係」はその後も続いた。

さて結末に向けての一大事件は、愛永の母娘三代にわたる難病だ。三回目くらいから徐々にその話題は増え続け、最終回の第十回ではついにホスピスに入院することとなり、前から知っていた遼太郎とは対照的に、航平は最終回で初めてそのことを知らされる。航平の負担になってはと航平にだけは知らせたくないと言っていた愛永だが、最後に運を天にゆだねて例の私書箱に託した病状告白の手紙に航平が気づき、その日からホスピスでの短い二人三脚の闘病生活が始まった。

ともかく、こんなふうにして愛永は二十九歳で逝ったが、最後に残した手紙で愛永は、自分の小指を切り取って沖縄の思い出の地に埋めることと、四年経ったら五歳になった安輝を連れて航平・遼太郎・粧子の三人でこの地を再訪することとを懇願していた。果たして安輝をいれた四人がそこで見たものとは？　などと書くと、まるでドラマを自演しているみたいだが、実はこの場面というか、場所こそが、『恋人よ』の最大の盛り上がり個所だったのである。そしてそれはまさにテレビ革命の恩恵なくしては絶対に不可能だったものなのである。

映像と音楽のドラマ要素

以上の話の紹介は、もちろん主にはシナリオについてであり、その意味ではまちがいなくシナリオ要素についてまとめたものだ。設定、筋、伏線、仕掛け、テーマ等々の。そして確かに巧緻というか、緻密というか、とにかくよく出来ている。複雑な話なのに、時間の流れ、心理の推移、伏線の暴露などの照応関係、どれをとっても特に破綻というほどの破綻は見られない。だから、面白いと言えばまちがいなく面白いが、いっぽうでは、しょせん、それだけ、という感も拭えない。

それよりも、『恋人よ』の場合、ほとんどの視聴者が圧倒されたのは、映像と音楽のドラマ要素だったのではないだろうか。話の紹介のところではチラッと触れるだけにとどめたが、愛永にとっては少女時代の唯一の家族旅行の地である沖縄の、とある岬の岩場に咲き乱れた赤い花々と背後に広がる青い海、それこそは『恋人よ』という作品の原風景的な場所であり、光景だったのである。

三回目で、かつて女バーテンダーとして勤めていたバーで、愛永が夫の遼太郎に沖縄の思い出を語る場面がある。父が、宿命の病いで入院を控えた妻とまだ五歳の愛永を、日本に返還されて間もない沖縄に連れて行ってくれた思い出である。「きれいだったなあ、海と花が」。大音量のBGMのなか、画面には赤い花々のなかにたたずむ親子三人の後ろ姿や、花々のなかや砂浜をかけまわる少女の姿が映し出される。映像といい、音響といい、ひと昔前だとこうした鮮明で迫力ある表現はまず不可能だっただろう。

同じく三回目の終盤、定期検査で結果が思わしくなかった愛永が、一人旅に出ることを例の私書箱を介した手紙で航平に告げる場面がある。「どうしても行ってみたい思い出の場所があるのです」と。そしてここでもあの鮮明で迫力ある赤い花々の光景が、愛永のイメージの中で繰り広げられる。この場面があのバーでの回想場面と違うのは、同じ大音量でも、ここでは主題歌の、セリーヌ・ディオンが歌うあの有名な「To Love You More」が赤い花々の光景に見事にマッチしてかぶせられていたという点である。以後、岩場の花々の鮮烈な光景と大音量のセリーヌ・ディオンの歌声（ボリュームを絞れば小さくはなりますが）とは、切っても切り離せないものとして作中に繰り返し登場し、この作品の核心でもあれば原風景でもあることを強烈に主張し続ける。

愛永の一人旅計画を打ち明けられて、航平は自分も同行したいと言う。「それはあなたにとって奥さんを裏切ることではないのですか」という愛永の危惧もあったが、結局二人はともに沖縄に旅立つ。四回目の中心はその沖縄旅行であり、神戸の父に沖縄から電話で岬への道を尋ねたりして、二人は何とか無事にその地にたどりつくことができた。そしてふたたびあの映像——岩場の赤い花々と大音量のセリーヌ・ディオンの歌声——が視聴者を魅了する。

この回は、日帰り旅行のはずだったものが天候不良による飛行機の出発延期で帰京があやぶまれたり、遼太郎が愛永の行く先（父のいる神戸と偽って出かけた）や同行者の有無（一人旅と言って出かけた）に疑いを持ち、夜遅く東京駅のタクシー乗り場で待っていたり（行く先が神戸であれば東京駅着のはずだから）、というようなハラハラドキドキのおまけもつくなど、盛り沢山の内容だった。

最終回の第十回でも、この光景は大車輪の活躍だ。ホスピスに入院した愛永の脳裡や航平への手紙の中に、何度もこの光景は登場する。「私は無性に行ってみたかった」、「あの色は命の象徴だった」。そして前述のように航平への遺書の中で、愛永はとんでもない注文をする。自分の遺体から小指を切り取って沖縄の思い出の岬に埋めることと、四年経ったら五歳になった安輝を連れて航平・遼太郎・粧子の三人でこの地を再訪することとを。したがって、ここでは小指を埋めるための訪問と四年後の全員での訪問と、岬は二度登場することになる。

驚くべきことに、ここでもシナリオの計算は周到だった。一回目の埋めに行くシーンでは航平だけということもあって、岬はただの岩場として描かれていた。しかし、その四年後、五歳になった安輝（愛永が初めて訪問したのも五歳だから、その意味では安輝は愛永の分身と言っていい）を連れての全員での訪問の際は、赤い花がかつてないほど咲き乱れていたのである。遼太郎「何だ、こりゃ」。あまりの華麗さに全員が息をのむ。航平「ここで愛永は生きていたんだ！」。

そしてここに、三回目で登場した愛永の五歳の時の映像がかぶせられる。二人の少女は重なり合い、それが愛永が航平に託した「四年後に」の意味だったのだ。このように見てきても、この光景が『恋人よ』の核心部分であることは疑う余地がないが、繰り返すなら、このシーンが、すなわち鮮烈な花々の映像とそれを包み込むセリーヌ・ディオンの歌声の競演が実現するためには、その大前提として、九〇年代前半の映像・音響両面にわたるテレビ革命が不可欠だったのである。

第5章　ロケ地めぐり・いまむかし——『若葉のころ』『スウィートシーズン』

九〇年代ドラマについての本なので、「聖地巡礼」とは言わない。あくまでも、ロケ地探し、ロケ地めぐりである。それも「手作り」の。むかしはネット情報などはなく、せいぜい芸能週刊誌の記事くらいしかなかったので、ロケ地探し、ロケ地めぐりなどをしようとするとおのずと手作りになったものだが、昨今はネット情報を検索すると、あらゆる情報が手に入ってしまう。で、それをもとにして聖地巡礼となるわけだが、それでは、本当の楽しさは味わえない。本当の楽しさを手に入れるためには、観る調べる行く、が不可欠である。すなわちドラマをじっくり観て、面白そうな場所が出てきたらそこはどこかを調べて、そして実際に行ってみる、の三つのステップを踏んでこそ、苦労の果ての達成感とあいまって、ロケ地めぐりの本当の楽しさは満喫できるのである。

『若葉のころ』

大木という陰の主役

本章ではまず、九〇年代ドラマ中でロケ地めぐりをするならこれ！　とまで言われたロケ地めぐりの定番中の定番である『若葉のころ』（脚本・小松江里子、九六年四月〜六月、TBS）を紹介しよう。

『若葉のころ』の冒頭は、毎回、ビージーズの名曲「FIRST OF MAY（若葉のころ）」の歌声にのせて、こんな一節が朗読されるところから始まる。

若葉のころ
いつもあいつのことを思いだす
同じ時を生き
同じ涙を流し

同じ命を生きていた
あのころ
俺はずっと考えていた
生きることの意味
死ぬことの答
そして
あいつと俺のことを

俺とは、名門嘉南学園高校一年に入学してきた相沢武司（堂本剛）、そしてあいつとは、武司の同級生で、藤木病院院長の息子藤木甲斐（堂本光一）のことだ。ここからも予想できるように、この二人が織りなす友情と葛藤の物語がこの作品の中心となる。

そして、この一節が朗読される際、画面に映るのが、タイトルの一部にもなっている「若葉」を茂らせた丘の上の大木だったのである。タイトルバックに採用されただけでなく、この木はほとんど毎回のようにドラマの中にも登場する。主に武司だが、ひとりで、あるいは時には誰かをともなってここを訪れ、そのこころのうちを視聴者にのぞかせてくれるのである。そうした、冒頭や、毎回の使われ方からもわかるように、この木はドラマの陰の主役ともいうべき存在で、設定という点ではシナリオの、なるほどとうならせるような木と場所とを探し出してきたという点ではドラマ化の、両要素の大きな手柄と言ってよい。

ところでモデルとなったこの木だが、地元（横浜市南区清水ヶ丘）では以前からよく知られていた木らしい。この章の最初で、ロケ地めぐりには観る調べる行くが重要、などと述べたが、実はこのドラマに限ってはここがどこかのヒントはまったく与えられていないので、もともと知ってでもいない限り、観るだけで場所を特定するのはほぼ不可能。かくいうわたしも、放映時、たぶん週刊誌の記事かなにかに教えられたような気がする。

ともあれ、清水ヶ丘公園という、いくつかの広場だけでなく、テニスコートやプール、体育館までもを併設したかなり大きな公園の中の、小高い丘の上にこの木はあったし、いまも現に、ある。京浜急行の井土ヶ谷駅からさほど遠くない所にあるが、丘の上なので、徒歩でとなると、急な階段や長い坂道をかなり登る必要がある。放映時に（つまり二〇年以上前に）行った時には、歩きだったか車だったか忘れてしまったが、ともかくドラマに出てくるそのままの姿であるのには感動したものだ。

小高い丘の様子も、そこから見下ろす町の眺めも、画面で見たとおりだった。地図で確かめてみると、画面に映った方角だと南の方向を見下ろしている格好だが、あいにく磯子や根岸の高台にさえぎられて、その先にある海までは見えない。ただ、二〇年余り前の画面に映し出された町の様子はまだまだのんびりとしたもので、高層のマンションなども見られない。せいぜい、三階建てまでといった風情である。ドラマの中では、市役所こそあるものの、しばしば「この町」と呼ばれる小さな市の雰囲気にぴったりの風景なのである。

さて、二〇年以上経った今、ここはどのようになっていたかだが、前述のように木はまちがいなく残っていた。それもだいぶ成長して。目分量で一・五倍くらいにはなっているだろうか。今度は当方もだいぶ老化していることでもあり、車でなるべく近くまで行くことにした。地図で見ると、くだんの小高い丘の下にはトンネルが走っている。保土ヶ谷と石川町とを結ぶ首都高速狩場線だ。狩場線の開通は一九九〇年だから、二〇年余り前にも利用しているかもしれないが、ともかく今度はその狩場線の永田インターで下りて、くねくね道をたどって公園まで行った。

体育館横の駐車場に停めると、例の木はすぐそこだ。目についたのは、根元にある二つの小さな案内板。その一つには、「清水ヶ丘公園のシンボルツリーの『えのき』です」とあった。そんなに衰えているようには見えなかったが、「樹勢回復治療のため、幹の空洞化対策と周辺の土壌改良を行っています」ともあった。そうか、シンボルツリーか。『若葉のころ』も、こうなるにあたってはきっと相当貢献したんだろうな、などと思ったりした。

もう一つの札は、「このエノキの苗を育ててみませんか」というもの。「よこはま緑の街づくり基金」の一環として、一〇〇〇円以上を寄付すると、このえのきの実から育てた苗木一ポットをもらえるのだという（抽選ではなく）。二〇年余り前にはなかった市民サービスだ。わたしは市民ではないけれども、特に市民とはうたってないから、誰でももらえるのだろう。読者の皆さんにもぜひおすすめしたい。ただ、みちみち家内とも話したことだが、巨大化しないよう、まめに剪定《せんてい》する必要はありそうである。

木の周辺はこんな具合で大きな変化は見られなかったが、見下ろす町の様子は相当変わっていた。それほど高層のものはないが、とにかくマンションが増えていた、近くにも遠くにも。こうなってしまうと、もはやドラマの中で言われているような小さな「この町」の役は務まるまい。いま、もう一度『若葉のころ』を作るとしたら、あらためて小高い丘の上の大木を探し直さないといけないかもしれない。なにしろこの木は『若葉のころ』の陰の主役とでもいうべき重要な役割を担っていたのだから。

陰の主役だとか、重要な役割だとかを連発しながら、具体的にどのように使われていたかの紹介をしそびれていたので、遅ればせながらそれをしておこう。一回目で、初対面の武司と甲斐が打ち解け、初めてこころを通わせたのがこの木の下だったのである。

変則的な友情物語

入学式なのに遅刻して登校した武司が、校舎の屋上から飛び降りるような仕草をしていた甲斐に手を差し伸べるところから、この作品は始まる。ただし、二人の境遇はとても釣り合うようなものではなく、甲斐は藤木病院院長で高校の理事でもある藤木啓輔（宅麻伸）の出来の悪い次男坊。病院は大学院に進んだ長男が継ぐことになっていたので、どちらかというと持て余し者だ。いっぽう武司のほうは、母は三年前に病死し、それ以来タクシー運転手の父は人が変わったようにぐうたら人間に成り果て、酒におぼれ、家計は火の車だった。

そんななか、妹と弟のために武司は、ガソリンスタンドや居酒屋でバイトに明け暮れている（校則では禁止）。それにしても、相沢家の困窮ぶりの描写はすさまじい。今で言うとコンビニのような、食料品からおもちゃまで何でも売っている店の店主から賞味期限切れの食べ物を恵まれたり（武司はきっぱり断る）、妹たちが店のごみ箱をあさったり、それを見て武司の妹とは知らない甲斐が「かわいそうだなあの子、この町にあんな子がいるなんて」とつぶやいたり、妹に「新しいものを買ってあげるよ」と声をかけたりと、なんだか観ているほうも身につまされてしんみりさせられてしまう。

武司が甲斐に誘われ、藤木家で食事をする場面では、無作法にもメロンにかぶりついた武司に同情した甲斐が同じことをして母親からたしなめられたり、その母親からみやげにと持たされた食べ物をプライドを傷つけられたように感じた武司が捨てたりとか、貧窮ネタや気位ネタが、とにかく出てくること出てくること。結局、妹の誕生日の日、武司は例の店で妹が食べたがっていたメロンを万引きしてしまう。そこまでは武司の潔癖さや正義感が強調されていただけに、驚天動地の展開だ。

ところで肝腎《かんじん》の大木だが、ガソリンスタンドでバイト中に妹たちを侮辱されたことから暴走族連中とひと悶着起こし、それを根に持った連中が高校にまで押しかけてきて窮地に立たされた武司を救ったのが甲斐だった。そして無事逃げおおせた二人がやってきたのが小高い丘の大木のもとだったのである。

三年前の母の病死で医者志望を固めたという武司。「俺は手に入れる、自分の人生をな」。その母が大好きだったのがこの木だというのである。この木の下に甲斐を案内した武司は、友達を連れてきたのは初めてなんだ、と打ち明ける。このシーンを受けて、武司の藤木家訪問となるのだが、この前後からはいろんな伏線が張られて、その先への興味を誘う。武司の父が言う「藤木病院が母を殺した」とは。あるいは「神様は不公平だよな」とは。「妻にだまされた」とは。十六年前に藤木病院で看護婦をしていて、そして三年前に藤木病院に入院して亡くなった武司の母にまつわる謎とは。

前夜の藤木家での食事の際の非礼を詫びる甲斐に対して、「あわれみをうけるくらいなら一人のほうがよっぽどましだよ」とつっぱねる武司。それでもめげることなく「友だちだろ、俺はそう思ってるよ」と応じる甲斐。武司と甲斐の変則的な友情物語は、こんなふうにして進んでいく。

シナリオ、ドラマ化、時代性という三要素の物差しで測った時、丘の上の大木の主役格への起用や、ビージーズ「FIRST OF MAY（若葉のころ）」、KinKi Kids（堂本剛、堂本光一）「FRIENDS」といった、内容と見事にマッチしたテーマ曲の採用、さらには KinKi Kids という売出し中のコンビを愛憎入り混じった親友同士の関係にキャスティングするなど、

『若葉のころ』がドラマ要素に秀でた作品であることは疑う余地がない。

と同時に、この作品がシナリオ要素においても独自の世界、というか独特な雰囲気をただよわせていることもまちがいない。ちょっと見では時代錯誤かと思えてしまうような貧窮ネタや格差ネタ。藤木病院院長や武司の病的なまでの立身出世志向。趣向としても、明治時代の家庭小説によくあったような出生の秘密、主人と奉公人（ここでは院長と看護婦だが）との密通など、ある意味、すがすがしいほどに時代離れしている。

のちにわれわれは、『冬のソナタ』を先兵としてなだれを打ってお茶の間に入り込んできた韓国ドラマのなかに、こうした趣向や雰囲気をただよわせた作品をいやというほど目にすることになるが、実際の影響関係はともかくとして、『若葉のころ』はそうした韓国ドラマ勢の偉大な先輩であり、お手本と言ってもさしつかえないような作品だったのである。

『スウィートシーズン』

『若葉のころ』同様にドラマ要素に秀でた作品だが、とりわけ効果音の使い方という特異な方面で新しい世界を切り開いたのが『スウィートシーズン』（脚本・青柳祐美子、九八年一月〜三月、TBS）である。

その特徴はすでに一回目の冒頭からあからさまなまでに表れている。ヒロインの藤谷真《ま》尋《ひろ》（松嶋菜々子）の勤めるオフィスのシーンから始まるが、そこでは異様な雑音と騒音が渦巻いている。人々のざわめき、パソコンのキーを打つ音、鳴り響く電話のベル、メモをくしゃくしゃにする音、それらの一つ一つが明らかに本来の姿ではない異様な騒々しさという方向で足並みをそろえているのである。

この日、真尋はさんざん迷いぬいたあげくに、上司の五嶋明良（椎名桔平《きっぺい》）と京都への不倫旅行に出発する。揺れ動くその内面の動揺や、あるいはその行為自体のあやうさを表すかのように、画面は異様な雑音と騒音とに包まれる。ドアを開け閉めする音、ハイヒールの靴音、タクシーのブレーキ音、繁華街の騒音、さらには飛び乗った新幹線の発車音であったり走行音であったりと、とにかく耳に響きまくるが、お茶の間向けのドラマとしては異色を超えた、異様な表現であることはまちがいない。

しかし、これらの騒音類はしょせん、序の口というか露払いみたいなものであって、異音のご本尊はもっと後のほうで出てくる。それが、無数の煙突やら鉄塔やらが立ち並ぶ広大な工場街を背景として響き渡る機械音――工場の操業時の金属音であったり、船舶が発する汽笛や信号音やサイレンであったり――だったのである。

この風景と音は、主に、崖っぷちにある藤谷家からの眺めとして表現されるが、登場人物たちのこころの荒みと連動して挿入されているケースが多いようだ。そして一回目はまだそれほどでもないが、二回目からはタイトルバックにも本格的に採用されて、サザンオールスターズの「LOVE AFFAIR～秘密のデート」の軽快なテンポにのって、この風景と異様な機械音が画面上を跳梁跋扈《ちょうりょうばっこ》する――あたかもこれが『スウィートシーズン』の核心的表現でもあるかのように。

金属音やサイレンなどといったものなので、当然耳に心地よいというようなものではない。むしろその反対だ。映像のほうも同様である。高度成長が賛美された昭和三十年代ならいざ知らず、工場の煙突からモクモクとたちのぼる排煙やその中に混じるすさまじいばかりの炎が好印象を与えるわけがない。それだけでなく、タイトルバックに登場する際には、煙突やら鉄塔やらが立ち並ぶ工場街の背後に、不吉と言っていいほどに赤く巨大な太陽が二重写しにされたりもする。そして、仮にこれをまがまがしい風景や音と言うことができるとすれば、それは『スウィートシーズン』という作品そのものが内在させるまがまがしさを象徴するものでなくてはならない。

それにしてもこの作品ほど激しく言い争う親子（ここでは父と娘だが）がお茶の間向けのドラマに登場するのは稀だろう。もちろん、理由はちゃんとある。兄と二人の妹が幼い時、父親が不倫で家族と別行動していた間に兄が水死したという過去が、いまだに家族を、とりわけ長女の真尋の心を縛り付けていたのである。

何かというと父に激しくぶつかり、過去を蒸し返さずにはいられない真尋。しかし、真尋のいら立ちの本当の理由はそれだけではない。不倫した父を激しく責めながら、いまは逆に、自分が、妻のいる明良と不倫しているという事実が真尋を精神的に追いつめているのである。「不倫だけはしないって思っていた」にもかかわらず、「私はお父さんと同じことをしている」。でも、もう「引き返せないんです」と苦しい胸の内を吐露する真尋。もちろん、描かれているのは、不倫＝悪、というような単純な、勧善懲悪的な世界ではない。

「罪悪感はある」けれども「引き返せない」というような、泥沼の世界を表現するにあたって、あのまがまがしい光景と心をかきむしられるような異音とが、登場人物たちの精神風景と見事にマッチするかたちで採用されていたのである。

機械音は健在だった

異音問題に深入りしていたら、あやうくこの章の眼目がロケ地めぐりであることを忘れそうになった。さて『スウィートシーズン』のロケ地だが、こっちは『若葉のころ』とはちがって、ヒントがふんだんに与えられている。横浜の中華街とか港とかが出てくるので、あきらかに横浜周辺の話とわかる。そうなると、例の煙突や鉄塔が立ち並ぶ工場街は、当然京浜工業地帯のそれということになる。

もう少し正確に言うと、京浜工業地帯のうちでも西側にあたる根岸湾臨海工業地帯が背景として使われた工場街のようだ。小田貞夫の『横浜史を歩く』（一九七七年）という本によると、本牧・根岸・屏風ヶ浦周辺を対象とした埋め立て工事は昭和三十四年に起工し、四十六年一月に完成、「東洋一の設備を誇る石油精製所をはじめ発電所、ガス工場、造船所、電機工場などがあい次いで進出した」。その結果「景観は一変した。臨海工業地帯をくし刺しにして国鉄根岸線と産業道路が走る」ことになったというのである。
同書の「根岸の海は消えた」という章の冒頭に、工場街の全景を描写した部分があるので、それを引いておく。

山手の駅を出た根岸線の電車がトンネルをくぐり抜けると、車窓の景観が一変する。銀色に輝く石油精製のプラントやタンク、空に突き出た巨大なクレーン、発電所の大煙突――そんな光景が根岸、磯子、新杉田と沿線五キロあまりにわたって続く。根岸湾臨海工業地帯だ。それは日本経済が高度成長の美酒に酔いしれていたころを象徴するものでもある。

『スウィートシーズン』で映された工場の光景や異音が、登場人物たちのこころのうちを代弁していただけでなく、「日本経済が高度成長の美酒に酔いしれていたころ」への批判までもを含んでいたかどうかは判然としないが、ともかく、ロケ地探しということでは、同書で描写されていたような風景が見渡せる崖っぷちの家はどこか、ということになる。
風景自体は当然広い範囲から見渡せるが、崖っぷち、という条件を満たす場所はそれほど多くはない。本牧から根岸・磯子を通って金沢区方面に向かう幹線道路（途中から横須賀街道＝一六号線となる）を見下ろす高台のなかでも、根岸のあたりが、工場街の見え方という点からも、作中の崖っぷちの家があった場所としてふさわしいようだ。

幹線道路の根岸不動下という交差点からミニいろは坂のような急な坂道を登っていき、ミニヘアピンカーブを曲がった所に、ユーミンの歌で知られたドルフィンという有名なカフェレストランがある。ここは作品放映と同時期の一九九八年に改装されて、今は一階も二階も、南側の海側は一面のガラス張りとなっていて、工場街の風景を見渡すには都合がいい。というか、それ以外で見渡せる場所はいずれも個人のお宅かマンションなので、部外者が藤木家からの光景を実感できるところは今はドルフィン以外にはなさそうなのである。

要するに、一番下に幹線道路があり、その上に斜めにミニいろは坂通り、さらにその上にドルフィン通り、という具合に三本の高度の違う道が並行している格好だが、ドルフィン通りの先には、有名な馬の博物館のある根岸森林公園や、その向かいには聖光学院などもあり、このあたりではけっこう有名な場所だ。

九八年放映だから、その頃に来たとすれば、二〇年前ということになる。『若葉のころ』

の場合は舞台が公園だったから、変わったのは眺めの中のマンションの数だけだったが、『スウィートシーズン』のほうは、眺めだけでなく、崖っぷちの家のまわりも大きく変わっていた。かつて個人のお宅が並んでいた崖っぷちのあたりは、かなりの部分がマンションに取って代わられていた。個人宅はもはや全体の三分の一くらいだろうか。

変わったのは、そればかりではない。かつて『横浜史を歩く』が「臨海工業地帯をくし刺しにして国鉄根岸線と産業道路が走る」と描写したそのあたりには、九八年に首都高速湾岸線が開通した。線路や道路とちがって高速道路の場合は高いところを「くし刺し」にするので、『スウィートシーズン』に繰り返し出てきた煙突やら鉄塔やらが立ち並ぶ工場街の風景も一変したのでは、と思いきや、意外にその影響は感じられなかった。煙突や鉄塔のほうが高速道路よりも高いので、印象が大きく変わることはなかったのである。

それに、なによりもあの機械音や異音は健在だった。もっとも、テレビではそれらの音を強調して表現しているので、実際にはあれほど大きな音を響かせているわけではないが、耳を澄ますと、確かに画面から聞えてきたあの音——登場人物たちの苦しい胸の内や泥沼の人間関係を象徴する機械音や異音類——が、いまも時に大きく時にかすかに、海の方角から聞えてきた。

第６章　伝統につながる――『白線流し』『私の運命』

『白線流し』

端正な顔立ち、とか、絵に描いたような、などといったほめ言葉がある。典型的で、お手本になりそうな、といったような意味である。九〇年代ドラマを見渡してみて、こうした形容がぴったりのドラマと言えば、何と言っても『白線流し』（脚本・信本敬子ほか、九六年一月〜三月、フジテレビ）だろう。

とにかく正統派ドラマであり、当然、ドラマ学の三要素（シナリオ、ドラマ化、時代性）のどれにおいても最上位にランクされるにちがいないほどの実力派なのである。では、いったい、どういうところが正統派的で、三要素それぞれにおいてどんな点が評価できるのか、思いつくままに挙げてみよう。

大枠から見ていくと、まずは学園もの、という伝統的でもあれば安定的でもある昔ながらの枠組みがもたらす安心感がある。高校生の男女、それも三年生の秋から卒業までという期間は、いろんなことが盛り込める可能性に富んだ期間であり、設定だ。高校の所在地は不特定ではなく、長野県松本市。伝統や文化を感じさせる土地柄であると同時に、やがて高校生たちが出ていくことになる都会との対比も、いろんなかたちで盛り込むことができる。

中身としては、当然、高三ということもあって進路問題、恋愛問題は必須のテーマだ。ここで登場人物を紹介すると、群像劇ではあるものの、七倉園子（酒井美紀）、飯野まどか（京野ことみ）、橘冬美（馬渕英里何）という三人の女子高生が主人公であるととりあえずはみていいだろう。一つ目の進路問題では、教師志望の園子はさんざん迷ったあげくに一浪して地元の大学の教育学部をめざすことになる。どちらかというといい加減な性格だったまどかは、ふとしたことから知り合った看護師の生き方に感銘を受けて、自分も看護師になるために名古屋の学校への進学を決める。当初から意志の固いのは役者志望の冬美だ。親の反対を押し切って、三年頑張ってダメだったら戻ってくるという条件付きで東京行きを認めてもらう。

三人の女子高生をとりまく男性陣にも、当然進路問題はある。秀才の長谷部優介（柏原崇）は初志を貫徹して法学部へ、アウトドア派の富山慎司（中村竜）は警察山岳救助隊を志望。以上の五人は全日制の仲間だが、ここにもう一人、同じ高校の定時制に通う大河内渉（長瀬智也）という男子学生がからんでくる。渉の父は天文学者だったが、すでに亡くなっており、母は再婚して富山にいるという設定だ。

昼間は工場で働く渉は当初全日制の五人に対してコンプレックスから打ち解けることはなかったが、次第に心を開くようになり、彼らの応援もあって、父の跡を継ぐ決意を固める。そして大学の物理学科を受けて合格するほどの力をつけたものの、結局、渉は北海道にある小さな天文台に就職することを決める。文字通り父の歩いた道を辿ろうとするのである。

進路問題ひとつとってみても、このように中心となる六人の境遇や志望はさまざまで、それらを丁寧に描き分け、彼らを六つの道へと無事に送り出すシナリオの手際は凡庸ではない。しかも、そこに、二つ目の恋愛問題をもからめつつ、というのだから、相当の交通整理力が要求されるというものだ。

誰と誰がカップルか、ということでいえば、当初、優等生同士の園子と優介は淡く惹かれあう関係だった。しかし、その園子と渉が心を通わせるようになったことで優介は置き去りにされ、いっぽう、渉の工場の同僚で渉をひそかに慕っていた茅乃（遊井亮子）も心穏やかではなく、当初は園子と渉の間に割って入ったり、園子に危害を加えようとさえした。

茅乃は問題を起こして高校を中退し、保護観察処分中というダークな設定だが、五人との交流を通じて本来の姿を取り戻し、終盤では、優介と相思相愛に近いような仲となっている。そして、もうひと組、幼馴染と言ってもいいような関係を発展させたのがまどかと慎司だ。看護師をめざして名古屋の学校に進学するまどかと、長野市にある山岳救助隊を受験する慎司はいったん離ればなれになるが、いつかは結ばれるであろうことを予感させる終わり方となっている。

進路問題と恋愛問題の次は、親子問題だ。園子も優介も冬美も、それぞれに親子問題を抱えていたが、親子問題の代表格は、前述のように渉の場合である。父は亡くなり、母は再婚して遠方にいるという設定だ。その母が、今の夫に気兼ねしながらも何かと渉のことを気にかけ、パートで得たお金を送金してきたり、気持ちのこもった食料品を送ってきたりする。母がもっとも気に病んでいたのは、大学受験や進学のための経済的援助ができないかということだったが、最終回では夫を説き伏せて受験のためのお金を渉に届け、渉はそれを励みに受験に挑戦する（結果は合格だったが、前述のように高卒での天文台勤務のほうを選ぶ）。

格差問題も、『白線流し』には丁寧に描かれている。特に最初のほうでは、定時制に通う渉が全日制に対して必要以上にコンプレックスを持ち、また教師をはじめとする周囲も、格差を前提とし、時には助長したりさえする。二回目で、校内で渉と慎司がとっくみあいの喧嘩を始めた時、駆けつけてきた教師がはがいじめにして引き離したのが定時制生の渉のほうであったというあたりに、格差問題は象徴的に描かれている。

高校を中退し、保護観察処分中の茅乃という設定も格差問題に関係してくるが、そのまわりに悪い仲間たちを配したり、工場での様子やアパート暮らしをみじめに描いたりと、大げさに言えば、戦後や高度成長期をひきずるような雰囲気がそこからは感じ取れる。

野島作品と対極の学園風景

以上は主に多彩なシナリオ要素を見てきたが、時代要素はどうかと、年表類で『白線流し』が放映された九六年前後を確かめてみると、女子学生の間ではルーズソックスが流行し、テレクラを通じての非行が話題となり、いじめが社会問題となっている。こうした時代を「反映」というかたちで描いたのが『高校教師』に始まる野島伸司の一連のドラマ(『人間・失格～たとえばぼくが死んだら』九四年、『未成年』九五年など)だが、これに対して『白線流し』に描かれたのは、その対極にあるような学園風景だったのである。

もっとも、そのために『白線流し』が背景となる時代をさかのぼらせたというわけではない。工夫らしい工夫といえば、せいぜい松本という一地方都市を舞台としたことぐらいだ。しかし、現実には全国に『高校教師』的雰囲気は飛び火していたはずであり、そうだとしたら『白線流し』における時代要素とは、現実の「反映」とは逆の、反時代的(＝牧歌的)な世界を描くことで現代を批判する、というタイプのものであったことになる。真逆の世界を描くことで間接的に現代を批判する、これもまた堂々たる時代要素なのである。

ドラマ要素ということでは、何と言ってもスピッツの歌うテーマ曲「空も飛べるはず」とのかみ合わせが抜群だ。それとキャスティング。ほとんど新人と言ってもいい酒井、京野、馬渕の起用は、ほんものの女子高生かと思ってしまうほどの存在感を生み出した。しかも決して素人芸ゆえにそう見えたわけではない、という点も画期的であり、大げさに言えば、新人発掘や起用の新しいスタイルを見せられた思いがする。

例の〈輝いていた〉〈輝いてない〉問題（第1章参照）にひきつけて言えば、毎クール同じ役者たちを使い回しし、前クールの役と今度の役とがごっちゃになってしまって、はっきりしているのは○○が演じているということだけ、という今のご時世と比べて、実に隔世の感がある。昔はよかった、などと嘆いてみても始まらないが、いずれにしても、毎クール連投では、役になり切れ、というほうが無理な注文であるのはわかりきったことだ。

――『白線流し』がシナリオ要素、ドラマ要素、時代要素の三拍子そろった作品であることを見てきたが、そうした根幹部分だけでなく、ちょっとした趣向やくすぐりなどの小技においても、『白線流し』は随所で非凡なところをみせる。

たとえば一回目で園子と渉が知り合うキッカケとなったのは、卒業アルバム委員の仕事で下校が遅くなった園子が、夕闇迫る校庭をあわてて駆け出して、定時制なので遅い時刻に登校してきた渉とぶつかり、所持品が散乱して二人の本が取り違えられたことであった。渉の『銀河鉄道の夜』と園子が図書室で借りた星座の本とが取り違えられたのである。のちに天文学を志す渉だけでなく、園子も天体観測が趣味で、この日も星座の本を借りてきたのだった。

星座ということでは、渉は教室の自分の机の表面に星座を彫りつけており、その机が昼間は園子が使う机で、その星座を介して二人が心を通わせるというちょっとした趣向も、いかにも学園ものらしくて好感が持てる。ただし、そこまで派手な落書きならぬ落彫りが許されるものかどうか。今なら、これは現実ではなくフィクションです、というような断わりが必要となるところかもしれない。

終盤、確か最終回だったと思うが、前述のように相思相愛に近いような仲となっていた優介と茅乃のあいだでも、趣向とまではいかないがくすぐりが大活躍する。大学から送られてきた合格者名簿を自分では見る勇気がなく、茅乃に確認してもらう場面だ。優介の受験番号は七九四七だったが、それを茅乃は七九七四と勘違いし、名簿にその番号がなかったことから、ナクナヨだから泣くなよ、と優介をなぐさめる。するとそれを受けて優介が、ナクヨナ（自分の番号が七九四七であることは本人だからよく承知している）だから泣くよな、だなと応じる。

その瞬間、七九四七と七九七四の違いに二人が同時に気づき、名簿を再確認して優介の正しい受験番号である七九四七がそこにあることを見て抱き合って喜ぶ、という場面である。その直後に我に返った二人があわてて体を離すところもほほえましいが、ともかく、正統派ドラマである『白線流し』における高校生の男女交際とは、良くも悪くもこの程度のものなのである。

ついでに言うと、こうしたくすぐりや、ちょっとしたオシャレな趣向などの小技芸は、山田、倉本、向田、市川の四天王の時代から、野沢・野島のNN時代にまで引き継がれてきた日本ドラマの貴重な財産であって、脈々と継承されてきたこうした芸がいつのまにか見られなくなったのも、〈輝いていた〉頃から〈輝いてない〉頃への転換以降のことだったように思う。

タイトルの意味は最終回で

さてこの章の趣旨からも、このあたりで『白線流し』がどのように伝統につながっていたかを明らかにしなくてはなるまい。もちろん、連呼してきたように「正統派」ドラマであるからには、ドラマの伝統を引き継ぐという点でも伝統につながってはいたのだが、伝統とのつながりが見て取れるのはもちろんその点だけではない。白線流しという脈々として伝わる伝統行事を堂々とタイトルとして掲げたところに――それも最終回まではタイトルがらみの具体的な展開はないにもかかわらずこのタイトルを最初から（タイトルなのだから当たり前だが）断固として掲げたところに――この作品の伝統につながろうとする強固な意志を見て取ることができるのだ。

白線流しとは、戦前から岐阜県高山市の県立斐太《ひだ》高校（戦前は旧制斐太中学）に伝わる、卒業式の伝統行事である。卒業記念に学生帽の白線をはがして大勢のをつなげ、それを川に流すのである。戦後は共学となったので、女子学生は白いスカーフを白線の代わりにやはりつなげて流すようになったという。

ところが、前述のように、タイトルとして一回目から大々的に登場させられているにもかかわらず、その具体的展開はなんと最終回まで待たなくてはならなかった。確か映画の『幸福の黄色いハンカチ』（一九七七年）でも、前半くらいまではこのタイトルの意味（今でもあなたを待ってるわ）と、それが先々どのように使われるのかがわからない仕掛けとなっていたと思うが、『白線流し』のほうは、伝統行事なのでそれがどういうものかは一部の人々には知られていたものの、ただ、それが話の内容にどのように関係してくるかは、最終回までわからない仕組みとなっていたのである。

白線流しのことを教えてくれたのは、高山出身で寿司職人のゲンさんだった。最終回で園子は病死したゲンさんの実家を訪ね、その道すがら白線流しの行事を目撃し、卒業の記念にという意義も生徒たちに教えてもらって、自分たちも見習おうと心に決めるのだった。

そして卒業式当日、式後に例の五人が河原に集まり、白線とスカーフをつなげて川に流そうということになる。そこに、茅乃と渉もやってきて、七人は思い思いの決意の言葉をスカーフや白線に書きつけて川に流し、当初は予測不能であったタイトルは、ここでめでたく具体化され肉付けされて役目を全うしたのである。

『私の運命』

『白線流し』の伝統へのつながり方は、ドラマの正統＝伝統を引き継ぐという面と、白線流しという伝統行事をタイトルとして採用したという面との二つに見出すことができたわけだが、この章で扱うもう一つの作品である『私の運命』（脚本・大石静《しずか》、九四年一〇月～九五年三月、TBS）の場合はどうだっただろうか。

その『私の運命』が企画されていた頃、現代版『愛と死をみつめて』が作られるそうだ、という噂を芸能記事か何かで目にしたことがある。『愛と死をみつめて』は年配の方なら知らない方はいないと言ってもいいほどの大ベストセラーだ。わたしも『純愛の精神誌』

という本のなかで取り上げ、その時代的意義を絶賛したことがあるが、難病で若くして亡くなった女性とその恋人とが交わした大量の書簡を一冊に編んだ往復書簡集であり、昭和三十八年に刊行され、ドラマや流行歌、映画にもなり、当時としては記録的なベストセラーとなった。

女性は大阪の病院に入院しており、そこへ、信州出身で東京の学生寮に住む男性が、新幹線もない時代に夜行列車や急行列車を利用して見舞いに駆けつける、そんな二人が思いのたけを打ち明け合ったもので、死についてはもちろん、友情、愛情、純潔、故郷、家族、将来など、青年にとって切実な問題が等身大の率直さで話し合われている。

これを下敷きに、その意味では『愛と死をみつめて』という伝統につながろうとして新作のプランが練られていたようなのだが、結局この案は実らず、今ある『私の運命』が誕生することになった。もっとも、今ある『私の運命』も、恋人たちが病気によって引き裂かれる話なので、『愛と死をみつめて』とまったく無関係というわけではないが、この、病死によって引き裂かれる恋人たちというモチーフを核としつつも、『愛と死をみつめて』とは別の作品を下敷きとし、その伝統につながろうとして成ったのが、今ある『私の運命』だったのである。

その別の作品とは、明治時代を代表するベストセラー小説である徳冨蘆花《とくとみろか》の『不如帰《ほととぎす》』（明治三十三年）だ。実はわたしは『愛と死をみつめて』だけでなく、この『不如帰』をめぐっても本を書いたことがあり（『不如歸の時代』一九九〇年）、不思議な暗合に驚くばかりだが、それはともかくとして、ここからは、『私の運命』の作り手側が病死によって引き裂かれる恋人たちというモチーフを核として、作品は何であれ、なんとしても伝統につながろうとする強い意欲を持っていたことが見て取れる。それが、『愛と死をみつめて』から『不如帰』へ、という手探りの結果としての最終決定に結びついていたのだ。

『愛と死をみつめて』が昭和三十八年の刊行であるのに対して、『不如帰』のほうは明治三十三年の刊行である。時期的には六十年余りも離れているが、核となる中心部分はおそろしくよく似ている。言うまでもなく、病死によって引き裂かれる恋人たちというモチーフがそれだが、考えてみれば、こうしたモチーフは時代によって古びるということは少ないように思う。ひとくちに伝統につながるといっても、あまりに時代によって大きく異なるような事柄では、さすがに新しい時代の読者や視聴者の共感を呼ぶことはできないだろう。ある種普遍的な事柄であるからこそ伝統を踏まえた作品が新しい時代にも受け入れられるのであり、先に見た『白線流し』が伝統につながることができたのも、学園もの、青春ものという普遍的な性格を持っていたことが一因だったのである。

『不如帰』の主人公は、海軍少尉の川島武男とその妻浪子である。浪子は八歳の時に実母を亡くし、父である陸軍中将片岡毅がもらった後妻とは折り合いが悪く、そのせいもあって武男との新生活にかける思いは切実だった。しかし、姑のお慶は浪子につらく当たり（舅はすでに他界）、頼みの武男も遠征航海などで留守がちで、浪子は予想に反した日々を送ることになる。そんななか、当時猛威をふるっていた結核に感染し、逗子にある実家の別荘で転地療養することを余儀なくされる。

武男は内地にいる時は横須賀勤務なのでしばしば逗子を見舞いに訪れ、二人で海岸や不動堂のまわりを散策することもあったが、武男までが感染して家系が途絶えることを憂慮した姑は強引に離縁を画策し、こともあろうに武男が演習で不在中に浪子は片岡家に連れ戻されてしまう。おりから日清戦争（一八九四–九五）が勃発し、武男は出征するが、つねに浪子のことを気にかけ、一時帰国した折には逗子を訪ねたりしたもののすれ違いに終わり、結局二人は京都の駅で上りと下りの車中から互いを一瞥したのが最後の対面となってしまった。そして武男の台湾遠征中に浪子は、「ああ辛い！……最早婦人《おんな》なんぞに——生まれはしませんよ」という有名な言葉を残して永眠するのだった。

逗子という舞台

『私の運命』のほうは、肺がんで余命半年と宣告されるのは妻ではなく夫である次郎（東幹久）だが、それ以外では『不如帰』を想起させる部分が少なからずある。たとえば次郎が国立大学出身で、一流の建設会社に勤めるエリートという設定は、将来を嘱望される有為な海軍少尉という武男のステータスの現代版だし、また、次郎も武男と同じく早くに父を亡くし、母ひとり子ひとりの境遇であり、その愛を一身に受けている。

そして次郎の母である真理子（野際陽子）と、次郎のフィアンセであり、やがて嫁となる千秋（坂井真紀）との嫁姑関係は、当初はきわめて円滑なものであったにもかかわらず、次郎の発病を契機として、もっぱら告知の是非をめぐって『不如帰』ばりの険悪なものへと変化していく。次郎の意向に沿うかたちで、末期がんであることを告げようとする千秋に対して、真理子は断固反対し、怪しげな新興宗教にのめりこんでいくのだった。

さらには結核と肺がんという、ともに肺を病巣とする重篤な、しかもその時代を象徴する病いという設定。明治期において死因別死亡率のトップを占めていたのは結核だが、現代ではその座はがんによって奪われており、なかでも肺がんによる死亡者数の急増ぶりはつとに憂慮されているのだから。

細かなことまで言いだせば、これら以外にも、浪子と千秋の複雑な生い立ち、かたき役としての千々石（武男の従兄でひがみ根性から武男夫婦の離縁を画策する）と次郎の主治医片桐（佐野史郎――同じく医者である千秋の兄の守〈段田安則〉とは対照的なタイプの医者で、研究業績のためには患者に過酷な実験的治療を強いたりする）、といった相似点もあげることができるが、この二つの作品の最大の共通点は、何と言っても舞台としての逗子の重要性だろう。

千秋と次郎という、若い二人の思い出の地であり、次郎の肺がん発病後もしばしば訪れ、ついには死にゆく場所として選ばれるのが、『不如帰』の浪子が結核に冒された身を養い、武男との逢瀬を重ねた逗子の浜辺だったのである。

逗子と東京を結ぶ交通機関への焦点化、という共通点も見逃せない。武男の場合、自宅は東京の麴町にあり、勤務地は前述のように横須賀だが、その彼が逗子で療養中の浪子を見舞うにあたって横須賀線の提供した便宜は、決して小さなものではなかった。もともと横須賀線自体が、日本最大の軍港と首都とを直結させるという軍事的必要性から明治二十二年にいち早く開通させられたものだったのだが、それが『不如帰』のストーリー展開に巧みに生かされていたのである。

『私の運命』の場合、これに相当するのは昭和五十年代半ばに開通した横浜横須賀道路（通称・横横道路。逗子まで開通したのは五十七年）だ。作品の中盤（この作品は次郎がやがて生まれてくる我が子の顔も見ることなく死んだ後、和解した嫁姑が協力して自然食レストランを経営するという二部構成となっている＝全二十一回）、死期の近づいた次郎をともなって千秋が深夜、逗子に向かってタクシーを飛ばす圧巻のシーンがあるが、その道行きにおいて重要な役割を果たすのが、第三京浜、横浜新道経由の横横道路なのだ。

映像の上でも、環八から第三京浜へ、横浜新道へ、横横道路へ、そして逗子インターへと、ポイントとなる分岐点ごとに青や緑の行先案内板が映し出され、その移動が刻々と辿られる。極端なことを言えば、危篤の状態であり、かつ深夜でもあるので、車で、しかも揺れることなく、が要求される。かつて『不如帰』のストーリー展開に横須賀線が不可欠であったように、ここでは十年余り前に開通した横横道路が不可欠なものとして見事に生かされているのである。

二つの作品の最重要共通点が逗子であることは明らかだが、そのうえで、さらにこの二つの作品の濃厚な血縁関係を証し立てているのは、死期を知らされた次郎がその逗子の浜辺で叫ぶ、次のような科白だろう。

次郎「生きたいよ、生きたいよ、生きたいよ、生きたいよ！　来年も、さ来年も、十年後も、その先も、その先も、絶対に……」

これを受けて千秋も、このように唱和する。

千秋「来年も、さ来年も、十年後も、ここに来たい！　次郎君と私と次郎君の子供でここに来たい！　次郎君とここに来たい！」

これが、『不如帰』のなかで、場所も同じ逗子の海岸で浪子がもらす、

「癒りますわ、きっと癒りますわ、——あゝあ、人間はなぜ死ぬのでしょう！　生きたいわ！　千年も万年も生きたいわ！　死ぬなら二人で！　ねェ、二人で！」

という有名な科白を踏まえているのは見やすいところだろう。言ってみれば、この科白をへその緒として明治の一大ベストセラー『不如帰』は平成の人気ドラマ『私の運命』へと再生をとげた、というわけである。

もっとも、平成版『不如帰』とも言うべき『私の運命』においては、もはや本家の構図そのままということはありえない。結核から肺がんへ、軍人からエリート社員へ、などといった設定の違いは時代の相違から来る微差に過ぎないが、何よりもここでは病死するのが男性で、生き残って子供を産み、たくましく生きていくのが女性であるという、根本的なズラシがある。もちろん、脚本家が女性であることも無関係ではないだろうが、それ以上に、ここでは、そのような根本的な設定変更を必然と納得させるほどの力強さで現代というものが、すなわち女性の時代の始まりとしての現代というものが生き生きと描かれていると言うべきだろう。

肺がんの主要因の一つが環境汚染であることはよく知られているが、義理の母と娘が生活のたつきとするのが自然食レストランの経営であるというのも、現代へのメッセージとしては申し分がない。そして、『不如帰』を反転させた、嫁と姑との和解。さらにはシングルマザーの自立問題等々といった旺盛なメッセージ性。……

『不如帰』の場合、うわべの悲劇性・感傷性とは裏腹に、最後は浪子の墓の前で、浪子の父の陸軍中将と海軍少尉である武男とが手を取り合う、すなわち国難に対して陸海一致団結して、というメッセージとともに閉じられている。これはこれで見事な時代の表現であるというべきだが、その現代版である『私の運命』のほうは、いっぽうでその伝統につながりながらも、他方では大胆なズラシを敢行することによって現代という時代を鮮やかに表現してみせた、と言うことができるだろう。

第7章　千秋に続く女性たち——『ひとり暮らし』『彼女たちの時代』

　この章から読み始めた読者は、いきなり「千秋に続く……」などと言われると、まごつくかもしれない。なかには、女性宇宙飛行士の向井千秋さんを思い浮かべる方もいるかもしれないが、そう受け取っていただいてもさほどまちがいではない。その場合は、趣旨としては、向井さんの女性としての生き方にならった女性たちの社会進出、ということになるのだろうが、わたしが以下で述べようとすることも実はそれと似たり寄ったりのことだからだ。

　ただし、わたしがここで名前をあげた千秋さんは、前章に出てくる『私の運命』のヒロインの千秋さんだ。夫の死後、義母と和解し、子供の難病などとも闘いつつ、夫を奪った肺がんの一因かもしれない環境汚染に対抗して自然食レストランを営みながら、あくまでも一人の女性としての自立を追い求める女性。……

この『私の運命』は既述のように九四年から九五年にかけての放映だが、女性の地位とか社会進出とかと関連付けていろいろ言われることの多い男女雇用機会均等法の施行は八六年四月。年表類で見ると、この法律の施行と関連して、深夜や時間外の労働の禁止・生理休暇などの女性を特別扱いした規則の見直しもおこなわれている。こうした変化が実際にどのくらい社会全体に影響を与えたかはむずかしい問題だが、少なくとも、多くの女子学生に接する職にあったわたしなどにとっては、ずいぶん大きな改革がおこなわれたものだとの実感があり、女性の地位向上や社会進出に期待を寄せたものだ。

こうした女性の自立を促す世の中の変化と『私の運命』の千秋の生き方とがどの程度直接的な関係があるかはわからないが、それでも、ことドラマの世界に限って見ても、『私の運命』の出現前後から女性の生き方をテーマにしたドラマが増えてきたことは確かなようだ。この章ではそのなかから、『ひとり暮らし』（脚本・青柳祐美子、九六年一〇月〜一二月、TBS）と『彼女たちの時代』（脚本・岡田惠和、九九年七月〜九月、フジテレビ）とを紹介することにしよう。

『ひとり暮らし』

『ひとり暮らし』は、文字通り、二十代後半にさしかかった女性が郊外の実家を出て、都心近くのマンションでひとり暮らしを始める話だ。女性の名前は花淵美歩（常盤貴子）、デパートの靴売り場で働いている。この年頃は、親からは結婚をせっつかれたりして、当時としてはいろんな意味で曲がり角にさしかかった年齢らしいが、いままでは奥手で恋人もいなければ、特にやりたいこともない、そんな彼女が思い切ってひとり暮らしに踏み切る姿に、同世代の女性のみならず、あらゆる老若男女が勇気づけられたのではないだろうか。

シナリオ要素でいうと、美歩をめぐる人間関係が過不足なく入念に描かれている。学生時代からの親友でいまの職場の同僚でもある恭子（永作博美）は、年上の男性との不倫問題という、美歩とは別の悩みを抱えているが、美歩とは一心同体の関係で、同性愛的感情もあるようで、時には美歩の男性問題に干渉するような行動もとる。この二人と対になるのが、ビール会社の営業マンの先輩後輩の関係である新谷（高橋克典）と小川（高橋和也）だが、当初から美歩が気にしていたのは新谷のほうだった。

四人のまわりを見ても、いまふうの妹や口うるさい父がいる美歩の実家、美歩のマンションの近くにある花屋とカフェ（女主人役が高樹沙耶）、やはり近所の、ビール会社の営業の二人が出入りする酒屋の主人（清水圭）、など、多彩な陣容だ。

第一回ではこれらの人々が紹介されると同時に、美歩の現状への不満→ひとり暮らしを決意→引っ越し当日のバタバタ、までが描かれており、展開ペースとしても申し分ない。そしてその合間合間に、子供の頃は毎日が楽しかった、大人になったら何でもできると思っていたのに、いま何がやりたいんだろう、等々の美歩の自問自答がさしはさまれる。そのあげくに、なぜひとり暮らしをするのか問われても答えられない美歩の居場所の不確かさが浮き彫りにされるのである。

ドラマ要素では、タイトルバックの大胆な映像が意味深長で魅力的だ。美歩役の常盤貴子が銀シルクのミニワンピースを着て、透明のガラス板の上に身を横たえ、充実した肢体をくねらせる、という趣向である。背後に流れる松任谷由実が歌う主題歌「最後の嘘」とのかみあわせも、幻想感を増幅させる効果をあげている。

ついでは、何と言ってもキャスティングと演技だ。奥手ぶりとと〻う〻の立つ寸前の瑞々《みずみず》しさと若い女性にありがちな等身大の悩みとをすべて表現した常盤、軽口の背後に年相応の苦《にが》みと過去をひきずる哀愁とをひそませた高橋克典。これに加えて、高橋和也と永作という両脇役がお隣のあの人的な演技（こういう人いるよね、というような感じ）で主役の二人をひきたてている。一時妹役常連役者の感のあった矢田亜希子のうっとうしさ（姉から見て）も今となってはなつかしい。姉との枕の投げ合いや深夜にラジカセから漏れる音をめぐっての攻防など、楽しませてくれる。

わたしが個人的に好きなのは、美歩がマンションへの行き帰りに通る緑に囲まれた小川沿いの道の描写だ。特に夜道のシーンが印象的だが、「テレビのまわりを明るくしてご覧ください」的な見方をすると暗過ぎてよくわからないほど、印象的な夜道なのである。緑に囲まれたという意味では、同時に映るわけではないけれども、すぐ近くには例の花屋もあるわけで、いずれにしても癒され感満載のシーンだ。

女性たちの時代の到来

もちろん、『ひとり暮らし』という自立を志向するあからさまなタイトルからもわかるように、この作品の場合、シナリオ、ドラマ化、時代性の三要素のなかでは前の二つと比べて突出しているのが時代要素であることは言うまでもない。

奥手とか臆病とか言われるけれども、美歩はかつてのような控え目な女性像そのままではない。夜遅く帰ったことをとがめる父に対しても堂々と言い返すし、最初は反発し合う関係だった新谷に対しても、臆することなく反論している。何よりも、家族の反対を押し切ってひとり暮らしを断行するところに、男女雇用機会均等法の施行以降の（！）若い女性の面目のようなものが見て取れるのだ。

不倫関係に悩む恭子の生き方も、かつてのそれとはずいぶん違っている。相手の男性の子供が運動会であるとの理由で会えないことへの不満を美歩にぶちまけたり、過去に子供を産めなかったこと、これからも産めそうにないことの悔しさを訴える。従来のような日蔭の忍従型ではなく、これまた新しい時代の愛人像（！）に永作が挑戦しているのである。確か美歩の引っ越しを手伝った当日だったと思うが、夜遅く相手の男性に、今すぐ会いに来てほしい、来てくれるまで待っているからと携帯電話で強く懇願するシーンなどはことのほか印象的だ（結局願いは受け入れられなかったけれども）。新しい時代の愛人像、などといった言い方が適切かどうか自信はないが、ともあれ、かつての女性たちではありえなかったような言動が次々に繰り出されて、女性たちの新しい時代の到来を実感させていることだけは確かなのである。

『彼女たちの時代』

『彼女たちの時代』の放映は九九年七月〜九月。これまで取り上げてきた作品のなかではもっとも遅い部類に属する。これは次章以降のテーマだが、実は九〇年代も後半に入ると、例の三拍子そろった……、は徐々に影をひそめるようになり、ある要素では傑出していても他の要素では問題があり、に始まって、次第に、どの要素をとっても特に取り柄のないような作品がむやみに増えてくる。

プロローグで述べた、ドラマ作りが企画主導のもとにオートメーション化されていった弊害であり、その結果、ドラマが〈輝いていた〉時代から、徐々に〈輝いてない〉時代へと転換していったのが、この九〇年代後半だったのである。次章以降では具体的に作品に即してその転換の実態を跡付けてみたいが、まずはその前に、〈輝いていた〉時代の掉尾《ちょうび》を飾る作品としての『彼女たちの時代』を紹介しておこう。

ただ、そういう言い方をしてしまうと、この頃までは〈輝いていた〉が続いていて、その最後尾が『彼女たちの時代』、ともとれてしまうが、実際にはこの頃までにはドラマの世界ではすでに〈輝いてない〉作品が多数を占めるようになっており、その意味では『彼女たちの時代』は、絶海の孤島にでもたとえられるような存在であり、いわば遅れてきた傑作、だったのである。

『彼女たちの時代』の完成度は当時から広く認められており、第1章でも引いた「視聴率に左右されることなく、いいものをきちんと評価したい」(『別冊ザテレビジョン 20th Memorial Book』二〇〇二年)として出発した『ザテレビジョン』の「ドラマアカデミー賞」でも、最優秀作品賞に選ばれている。そしてその『別冊ザテレビジョン 20th Memorial Book』のなかでも、いかに「ドラマアカデミー賞」が「視聴率に左右されることなく、いいものをきちんと評価したい」という姿勢で最優秀作品賞を選んできたかの実例として、この作品(平均視聴率一一・三%)が『白線流し』(同一〇・九%)、『ケイゾク』(同一三・九%)と並んであげられている。

屋上からの絶叫というシーン

「千秋に続く女性たち」が活躍するもう一つの作品である『ひとり暮らし』では女性が一人(もう一人は新しい時代の女性像というよりは愛人像なので、おまけしても一・五人というところか）であったのに対して、『彼女たちの時代』のほうは主役クラスが三人もおり、単純に、それだけでも三倍の迫力で女性たちの時代が主張されたり、謳歌されることになる。数の力はばかにならないのだ。

三人の中でも主役格は、通販会社の苦情処理係の羽村深美（深津絵里）だ。一九七三年、あの有名なオイルショックの年に生まれ、日本経済のバブル期の恩恵は一切受けず、超氷河期になんとか就職し、現在は二十六歳という設定だ。「子供の頃は何になりたかったんだろう」と振り返りつつ、「特別な取り柄もない」私だが「何かに夢中になってみたい」という欲求にとりつかれている。この二十六歳という設定は『ひとり暮らし』の美歩と同年齢であり、女性の生涯中で一般的にも重要な分岐点なのだろうが、他方ではここから『彼女たちの時代』が『ひとり暮らし』の系譜を引く作品である、と見立てることもできるかもしれない。

「何かに夢中になってみたい」との思いを抱いてカルチャースクールを見学に行った深美がそこで出会ったのが、ゴスペル（黒人教会から生れた福音歌）のサークルに打ち込んでいたファミレス店員の太田千津（水野美紀）と、会計学などを学んでキャリアアップを目指す商事会社ＯＬの浅井次子（中山忍）だった。初回はもっぱら深美と千津が意気投合するまでが中心となるが、彼女らを取り巻く人物配置がすばらしい。

まずは深美の会社のお局《つぼね》ＯＬの女性（渡辺典子）。若手からは煙たがられる存在で、本人もそのことは重々承知しているが、結婚を夢見て付き合っていた浪人生から冷たくされ、衝動的に傷を負わせてしまう。彼女の人生はひょっとすると深美が辿る道かもしれないのだが、その彼女はうっぷんを晴らす時にはビルの屋上から下を歩く人々に向かって「バカヤロー」と大声で叫ぶのだという。

この「バカヤロー」は、初回のラストで、この話を彼女から聞いた深美が自分も、と千津を誘って屋上に上り、「羽村深美、二十六歳、私はここにいまーす」と叫ぶ場面に引き継がれている。ばかりでなく、同様のシーンは何度も作中に登場して、『彼女たちの時代』の核心的シーン、すなわち女性の自己主張の象徴的シーンとして力を込めて描かれている。

周辺人物のほうに戻ると、深美の姉の夫（佐伯啓介＝椎名桔平）も、組織の中でもがく人物の男性版として重要な存在だ。不動産会社の本社から慣れない販売部門に出向となり、平泉成《せい》演じる苛烈な上司にしごかれる役回りだ。しごかれるという点では、温水洋一演じる上司にいびられる深美も、食品会社の主任とはいいながら実際はウェートレスに過ぎず、店長から「バイトで十分」とののしられる千津も、同じ立場なのだが、ここでは、屋上からの絶叫に象徴されるように、それを力強くはねかえしていくのが女性陣のほうであるというところに、この作品の真骨頂を見なくてはならない。

周辺人物ではもうひと組、深美の両親を演じているのが山本圭と真屋順子であったのも見逃せないキャスティングだ。『ひとり暮らし』の紹介のところでは口うるさい父としか記さなかったが、実は同作品でも主人公の両親を演じていたのは、この二人だったのである。典型的な父親役とか、母親役とかいう言い方もあるので、当時この二人がまさにそれであったのかもしれないが、それとは別に、『ひとり暮らし』から『彼女たちの時代』へ、という流れはここからも確かに見て取れよう。

両作品の比較ということで言うと、どちらも本書の文脈で言う『私の運命』の千秋に続く自立的な女性たちを描いてはいるものの、『彼女たちの時代』ではそれが格段にパワーアップされている。下世話なレベルで言えば、美女系の雰囲気をたっぷり残した常盤貴子と、大胆なショートカットで男など歯牙《しが》にもかけないといった雰囲気の深津絵里、といったキャスティングからも、そのことは如実にうかがえるが、もちろん両作品の違いがもっとも顕著に表れているのが、あの屋上からの絶叫シーンであることは言うまでもない。

そもそも水野美紀演じる千津がカルチャースクールでゴスペルのサークルに入った動機

というのが、目いっぱい大声を出せるから、であったのだから、『彼女たちの時代』の時代における絶叫シーンの意義はひととおりのものではない。確かに小声は女性の、あるいは控え目の象徴であった時代が長く続いたことは周知の事実なのだから、それを打ち破る武器として、このシーンは考え抜かれた末にあのようなかたちとなったにちがいない。

最後に蛇足を承知で付け加えれば、深美に絶叫という発散方法を指南したのが、あのお局OLの女性だったというのも、興味深い。男女関係のもつれから浪人生に傷を負わせ、初回で姿を消したにもかかわらず、深美たちによって繰り返される絶叫シーンというかたちで最後まで影響力を持ち続けたことから考えれば、彼女も、あるいは彼女こそが、元祖「千秋に続く女性たち」であったのかもしれないのだ。

第8章　トレンディドラマへの注文――『ビューティフルライフ』『ロングバケーション』

巨人・大鵬・卵焼きも今では死語となってしまった感があるが、世の中には、皆がチヤホヤするものを、好むタイプと、逆に毛嫌いするタイプの、二つのタイプの人間がいることは昔も今も変わりはなさそうだ。もちろん、後者のほうが圧倒的に少数派だとは思うが、わたしの場合は明らかに後者。食堂などでも、門前市を成す店は避けて、営業的にはかろうじてつぶれていない程度のレベルだが、でも味のほうはうるさい職人肌の主人がいて絶品、というような店を探して歩く性癖が昔からある。

この性癖があらゆる面に発揮されるので、たとえば、人気タレントを起用したいわゆる人気ドラマなどに対してはきわめて冷淡だ。つまり点が辛い。こんなタイプの人間にかかっては、人気ドラマのほうこそいい迷惑だと思うが、本書の最初のほうで紹介した「♪四つのお願い」というのを覚えておいでだろうか。その一番目に挙げたのが「ファン根性からの脱却」であり、その趣旨は言うまでもなく「ファンだから観る、はやめにしよう」だ。だとすると、この、人気ドラマを毛嫌いするというのも、方向こそ逆であるものの、「ファンだから観る」と同じくらい、慎まなくてはならない態度なのかもしれない。

そうだとしたら、わたしの人気ドラマ嫌い、トレンディドラマ嫌いも、「ファンだから観る」と同じくらい浅はかな態度だったのだろうか。それとも、客観的評価をめざした三つの角度からのアプローチによる採点でも、その種のドラマには敬遠されるのももっともな欠陥が存在するのだろうか。この問いはわたし自身に関係することでもあるので自己弁護や自己正当化が入りこまないよう、よくよく注意してかからなくてはならないが、ここでは、一時期トレンディドラマと言えばキムタク、キムタクと言えばトレンディドラマ、とまで言われた木村拓哉主演作を例にしてこの問題を考えてみよう。

『ビューティフルライフ』

この章では九六年（四月〜六月）の『ロングバケーション』（脚本・北川悦吏子《えりこ》、フジテレビ）と二〇〇〇年（一月〜三月）の『ビューティフルライフ』（同、TBS）を紹介しようと思うが、最初に、わたしが後者が大評判だった頃に書いた短文を見ていただこう。編集部がつけた見出しは「出でよ『冒険型』の連ドラ」となっている。

このところ会う人ごとに『ビューティフルライフ』（TBS）の感想を求められて、閉口している。「ドラマ学」なるものを提唱しているので、専門家（?）らしい一家言を期待されているようなのだが、どうも彼らの期待が、自分の肯定的な評価に賛同してほしい、ということであるようなのも奇妙に一致している。

で、彼らの気持ちを傷つけたくないボクとしては煩悶《はんもん》しきり、となるわけだが、ハッキリ言ってボクはこのドラマがそれほど大騒ぎするようなものだとは思っていない。視聴率の高さはタレント人気だけでなく、熟年向けの時間帯に若者好みのものを持ってくることで、単純計算で二倍の視聴者を獲得できたことなどにも負っていたのではないか。コマーシャリズムの立場からすれば、どんな理由にせよ視聴率が稼げさえすればそれでよいのだろうが、ボクとしてはやはりその理由の真贋にこだわっていきたいのだ。

ボクが重視する評価基準の一つは、冒険型か安住型か、という点である。一口に冒険型とか言っても、お話の上でかドラマ作り（映像、音楽、演技等）の上でか、などいろいろあり、それらにどの程度成功したかで点数が決まる。この採点法でいくと『ビューティフルライフ』の場合、お話からドラマ作りに至るまでこれまでの集大成的な安住型で、大騒ぎするほどではないにしても、安定感や円熟味の点で確かに合格点はつく。この無難さが安心感へとつながり、尖ったものを排除する大勢追随的な今の風潮と合致して、視聴率アップに一役買ったのかもしれない（評判の店にできる長蛇の列のようなものだ）。

しかし、安住型より冒険型のほうを買うボクの立場からすれば、例えば演技一つとってみても、実力のある主演の二人（木村拓哉と常盤貴子、藤井注）なのだから、『お見合い結婚』（フジ系）でコミカルな役柄に挑戦している松たか子や川原亜矢子のように、これまでのイメージを踏み破っていってほしいのである。

それにしても、挑戦待望的な評価軸で見ると今クール（二〇〇〇年一〜三月期、藤井注）の出来は全体に淋しい。オークションを扱った『モナリザの微笑』（フジ系）がお話の面で健闘しているが、そのなかにあっていろんな点で冒険的なのが、『平成夫婦茶碗』（日テレ系）だ。貧乏ネタへの取り組みや東山・浅野らの挑戦ぶりも好感が持てるし、何よりも子役達が生き生きとしている。下町の商店街を彼らに駆け回らせたタイトルバックの色褪せた感じの映像もいい。今後の展開が楽しみな作品だ。

ただ、今クールの作が全体として低調であるのは否めず、先夜も仕方なしに公共放送をつけていたら、竹中直人が俗臭ふんぷんたる坊さんを演じるドラマ（『坊《ぼん》さんが、ゆくⅡ』）をやっていて、すっかり引き込まれて最後まで見てしまった。モデルルームの一室のような生活感のないセットばかりが出てくる民放のドラマと比べると、ロケ撮影もふんだんで、それだけでも見甲斐がある。昔よく似ている（！）と言われた篠田三郎が健在なのも嬉しかった。

でも、映画ならぬテレビならではの形式と言えば、やはり十二回で完結する連ドラだろう。その意味でも連ドラが坊さんに負けてるようでは困るのである。民放がんばれ。連ドラがんばれ。（『毎日新聞』朝刊、二〇〇〇年三月一日）

一種の時評なので、今ではなかなか思い出せない作品名がいっぱい出てくる。そこのところを少し補うと、『お見合い結婚』というのは吉田紀子脚本で、松たか子とユースケ・

サンタマリアが主演。タイトル通り、お見合いか恋愛結婚かをめぐって、適齢期の男女が半ばコミカルにあれこれと悩む話。「松たか子や川原亜矢子のように、これまでのイメージを踏み破って」というのは、彼女らがスチュワーデスに扮してバタバタするあたりを指していたらしい。寿退社した節子（松たか子）の婚約者が別の女性と〈できちゃった婚〉をしてしまったために、海外赴任を前に結婚を急がされる商社マンの光太郎（ユースケ・サンタマリア）と、互いに気が進まないままに見合いをするという話だ。

『モナリザの微笑』というのは福田靖ほか脚本で、江口洋介が天才オークショニア（鑑定士）に扮して、悪徳業者と戦ったり、幻の名画を探したりする話。少し持ち上げている『平成夫婦茶碗《ヘーセーメオトヂヤワン》』は、正確には『平成夫婦茶碗・ドケチの花道』といい、森下佳子脚本で、東山紀之と浅野温子の主演。借金を抱えて金儲け話にばかり飛びつくラーメン店経営のダメ男の夫（東山）と超倹約家の妻（浅野）、それに五人の子供たちの家族愛の物語だ。それよりもさらに持ち上げている『坊さんが、ゆくⅡ』は竹山洋脚本で、沢口靖子演じるお寺の娘との結婚が目的で僧侶をめざす中年男の話。この短文を読むと、当時はよほど気に入っていたものらしい。

ストーリー、設定の間口は広いほどいい

寄り道はこれくらいにして肝腎の『ビューティフルライフ』に戻ると、この作品は『決定!!テレビドラマベスト100』（エンターブレイン発行、二〇〇一年）では十八位に入っており、世間的には十分に高評価の作品だ。加えて『ザテレビジョン』の「ドラマアカデミー賞」でも、最優秀作品賞をはじめとして、最優秀主演男優・女優、助演男優・女優、新人、脚本、監督などの賞を総なめにしているが、さすがにそこまで絶賛されると、少々マユツバの感は拭えない。話のほうは覚えておられる読者も多いと思うが、美容師の柊二（木村拓哉）と図書館司書で難病を患い、車イス生活を余儀なくされた杏子（常盤貴子）との、「ピュアなラブストーリー」（『ザテレビジョン』）だ。最初はぎくしゃくした関係の二人だったが、やがてライバルとのカット競争のモデルを杏子に頼んだことなどをキッカケとして、二人は交流を深めていく。

「『ビューティフルライフ』ついに号泣の最終回！」（『ザテレビジョン』）と銘打たれた最終回は周囲の願いもむなしく亡くなった杏子に死に化粧をほどこす柊二の語りかけで閉じられるが、そこに至るまでには、杏子が抱く車イス生活への負い目、柊二の美容師として

の悩みと成長、それぞれに恋のライバルらしき存在が出現、束の間の愛の生活の実現など、盛り沢山の趣向が用意されている。

これをわたしは先の短文で、「お話からドラマ作りに至るまでのこれまでの集大成的な安住型」と評したわけだが、恋にしろ仕事にしろ安易にライバルを配したり、カット技術の競い合いの趣向を繰り返したり、別れを目前にした二人に束の間の幸せを実感させたり、といったおなじみの趣向（＝集大成的な安住型）にはどうしても不満が残る。そのあげくが難病死による悲劇的な別れとなるわけだが、すでに、第6章で紹介した『私の運命』（九四〜九五年）などの傑作の先行作品がある以上、どうしても影が薄くなるのは否めない。

もっとも、わたしが『ビューティフルライフ』などに代表されるトレンディドラマに対して抱く違和感の最たるものは、決してそうした趣向の二番煎じ、三番煎じなどに対するそれではない。というか、今日においてはまったく独自な趣向などというものはもはや幻想でしかないのかもしれないし、過剰な二番煎じ批判はドラマの可能性を封じてしまう恐れすらあるかもしれないのだ。

わたしがいわゆるトレンディドラマのありようについていけない最大の理由は、そのスケールというか、間口の狭さにほかならない。人物、場所、仕事、年齢、出来事、それらのすべてにおいて間口は広ければ広いほどいいし、そこから豊かな話の展開も可能になるのだから。

『ビューティフルライフ』の場合、たとえば場所は美容院のある表参道などの都会に限られ、登場人物たちもほぼ全員が若い人たちだ。そうなると登場する話題なり出来事は、恋愛か仕事かということになり、恋のライバルが出てくるとか、この場合は仕事が美容師なのでカットを競い合うとかに限られてしまう。『ビューティフルライフ』では、そこに難病や車イス生活を持ち込むなど、社会性への目配りも見られなくはないが、ここに、場所の移動とか（地方に行くとか、帰郷するとか）、年齢的な拡がりとか（祖父母や恩師を登場させるとか）が加われば、さらにいろんな展開が可能になったはずである。また、そうすることで、当初は単なる二番煎じに過ぎなかったものが、この作品ならではの姿に昇華をとげることもできたのではないだろうか。

『ロングバケーション』

実はわたしが『ビューティフルライフ』と並んでトレンディドラマの代表と考えているのが、その四年前にオンエアされた同じ北川悦吏子脚本、木村拓哉主演の『ロングバケーション』なのである。重ねての苦言でお二人には申し訳ないが、『ロングバケーション』のほうは、難病とか車イス生活とかがない分だけ、さらにトレンディドラマの悪癖が前面に出てしまっている。もっともこの作品の場合も前掲の『決定!!テレビドラマベスト100』では、『ビューティフルライフ』よりもさらに上位の十四位にランクされており、あの「ドラマアカデミー賞」でも同様に最優秀作品賞以下の賞をほとんど総なめにしてしまっている。さすがにここまで北川悦吏子脚本、木村拓哉主演の二つの人気作品がそろって高評価なのを見ると、いくら「視聴率に左右されることなく、いいものをきちんと評価したい、というのが本賞の基本姿勢」(『別冊ザテレビジョン 20th Memorial Book』二〇〇二年)とはいっても、しょせんは営利目的の出版物である『ザテレビジョン』の「ドラマアカデミー賞」がどこまでそれを徹底できていたかどうかは、はなはだ疑わしい。

ところで木村拓哉はここではまだ無名のピアニスト瀬名の役。後輩の涼子（松たか子）に惹かれているものの、年上でとうのたったモデルの南（山口智子）が瀬名のマンションにころがりこんできたことから奇妙な同居生活が始まり、この三人の関係のゆくえ、瀬名の人間的成長、さらにはピアニストとしての成長などを軸として話は展開する。

先に『ビューティフルライフ』を例としてトレンディドラマの間口の狭さを指摘したけれども、そうした特徴は当然トレンディドラマの代表作であるこの作品の場合にも見られる。場所は、純然たる都心でこそないものの、下町にある瀬名が住むマンションや、近くの川べりの堤防などにほぼ限られている。出来事も、三角関係まがいの関係や、瀬名や南の仕事であるピアノやモデルの仕事をめぐって、に限られる。年齢的にはわずかに、瀬名の恩師の佐々木教授（森本レオ）や瀬名の生徒である十五歳の貴子（広末涼子）を登場させて拡がりを持たせようとしているが、どちらもピアノ関係なので、多様な拡がりは期待するほうが無理というものだ。

『Days』

こうしたトレンディドラマ特有の間口の狭さに対して、その爪の垢でも煎じて飲んでみたら、とわたしが思う作品がある。大石静脚本の『Days』(九八年一月〜三月、フジテレビ)である。この作品はいろんな地方から上京してきた六人のはたちの男女を中心とした物語だが、冒頭からその拡がりぶり(もっとも、ふつう拡がりが見られるのは主に冒頭だけれども)がとにかくすごい。長瀬智也演じる矢部鉄哉は小樽出身で板金工場に勤めている。父親は小樽のガラス職人だ。同じ工場に勤めている松本壮太(金子賢)は鳥取出身で、ボクシングが趣味。男性陣ではほかにもう一人、静岡出身で、父の病院を継ぐのが嫌で画家志望の二浪中の君島潤(小橋賢児)がいる。

女性陣では、金沢出身でネイリストの江崎まゆみ(中谷美紀)、同じくネイリストで高知出身の池内菜々子(菅野美穂)がいる。この二人は同僚ということもあって部屋をシェアしている。そしてもう一人、菜々子と同じ高知出身で、女優志望の木村一子(MIKI)という女性も登場する。

彼ら彼女らの紹介と互いに知り合うまでが第一回の内容だが、この回の間口の広さと盛り沢山の内容には心底圧倒される。間口のほうで言うと、出身地は、金沢、鳥取、静岡、高知、小樽、と全国に広がっている。職業も、ネイリスト、板金工場勤務、芸大志望の予備校生、そしてタレントの卵と多彩だ。年齢差ということでは、無口で頑固そうな鉄哉の父（ガラス職人）、病院を経営し、体裁にこだわる潤の父、さらには潤の行きつけの店で鉄哉や壮太も出入りする定食屋の親父（橋爪功）などの年配者も登場する。そして年齢差を導入することで、父との確執（鉄哉、潤）や、人生の先輩からの助言（定食屋の親父）などが可能となり、今後のふくらみに期待を抱かせる。

六〇年代を連想

テーマがらみの話になったのでついでに言うと、学歴や貧富、職業の貴賤といった格差問題、性の渇望、都会と地方、そして親子問題と、実に多様なテーマへの唾つけが、第一回で早くもおこなわれているのである。横の拡がりとしての間口のほうはだいたいそんな感じだが、その第一回目をタテ（時間の推移）に辿ってみても、実に非凡な流れ、というか構成であることがわかる。

最初に登場するのは雪の残る金沢の武家屋敷街を自転車で登校するまゆみだ。級友たちが話題にしているのは東京行きの話。次は鳥取砂丘での壮太と恋人との別れ。東京行きのために肉体関係まであるらしい彼女を置いていこうとしている。三番目に登場するのは静岡の潤。地元の医学部を勧める両親に対して「あなたたちのおもちゃじゃない」と啖呵《たんか》をきって家出に踏み切る。高知では名物の市電を登場させ、菜々子と一子に将来の夢を語らせている。そして最後が小樽の鉄哉である。「出てくぞ、いいんだな」とか「母ちゃんの時も止めなかったもんな」、「それでもお前は親か、人間か、男か」と、のちの展開を予想させるような言葉を残して雪の降るなかを東京行きの列車に飛び乗る。武家屋敷、砂丘、市電、ガラス細工と、土地土地の名物を登場させるサービス精神も心憎いばかりである。

つづいては六人の出会いだ。舞台となるのは成人式の会場。つまり上京していつのまにか二年が経過していたという設定だ。鉄哉がまゆみの借り着を汚してしまったことから、弁償とか分割払いとかの話になり、結果的に互いのふところ工合の心許なさも浮き彫りにされる。夢を抱いて上京したものの、二年経っても明るい将来が見えてくるわけでもなく、どちらかというと低空飛行を余儀なくされている彼ら彼女らなのだ。そういう意味では、二年間頑張ってはみたものの、というかたちで二年間が間接的に表現されているのである。

第一回の後半では、ネイルサロンに勤めるまゆみと菜々子にしても、板金工場に勤める鉄哉と壮太にしても、いまの職場での現状や未来が決して明るいものではないことが明かされる。それはいまだにバラエティ番組にチラッと顔を出させてもらうだけの女優志望の一子にしても、画家志望というつかみどころのない夢を抱いて二浪中の潤にしても、同じことなのである。

ただ、板金工場の二人は決して冷遇されていたわけではない。社長からは末永く働いてくれとの期待を込めて成人の日に金一封を贈られる。にもかかわらず、二人は現在の職場や仕事に明るい未来を思い描くことはできない。そろそろもうろくし始めていて、まわりから冷たい目で見られている老板金工の姿にどうしても自分たちの未来を見てしまうのもその一因だった。

そんなある日、隅田川に架かる橋の上で引ったくりに遭った酔っぱらいを助けた鉄哉は、逆に犯人と間違われてしまい署に連行されるが、たまたま通りかかったまゆみと菜々子の証言でかろうじて放免されるというようなショッキングな体験をする。何よりも、引ったくりもしかねないような人間と見られたことが鉄哉には耐えられなかったのである。

最後の場面では、その橋の上で鉄哉を慰める壮太が鉄哉と連れションするところに雪が舞い落ちてくる。老板金工と小樽の老父を重ね合わせ、さらにはそこに自分たちの未来をもダブらせて悲観する鉄哉を、金子賢演じる壮太が豪放磊落に受け止め、包み込む。「いいじゃないの、生きてさえいれば。難しく考えるとますます自分を追いつめるよ」。肩を抱き合い、ふざけてよろめきながら、橋の上を向こうに遠ざかっていく二人の後ろ姿でラストシーンは閉じられるが、内容上だけでなく構図的にも視覚的色彩的にもこれほど見事なラストシーンはそうそうあるものではない。

この章では『Days』は最初、間口の広さのすぐれた例として登場してもらったが、見てきたように第一回の過不足のない見事な流れが特筆に値するだけでなく（ここまでがシナリオ要素）、視覚的な、構図・映像・色彩等の側面や、キャスティング・演技などの側面、挿入歌やBGMとして五〇〜六〇年代のオールディーズを採用、という音楽的側面など、ドラマ化段階で付け加えられた要素においてもこのドラマが傑出した作品であることは疑えない。ただし、三つ目の時代要素のほうは、過度な東京賛美・上京志向とか、性の渇望、格差・貧富の強調のあたりは、九〇年代後半というよりはむしろ六〇年代を連想させなくもない。あるいはひょっとしてこれも一種のオールディーズ的テーマや雰囲気の再現を目論んだものだとすれば、あまりに独創的な企みに脱帽するほかないけれども。

そんなこんなで、いずれにしても、『Days』の第一回を観終えた視聴者の期待は膨らむばかりだが、実はその期待は見事に肩すかしを食わされることになる。ただし、そのことは別の章で改めてお話しすることにしよう。

第9章　サスペンスの誘惑――『眠れる森』

『眠れる森』

このあたりで本書の舞台裏、というか、構成を明かすと、本書では分水嶺《ぶんすいれい》は第7章（「千秋に続く女性たち」）と第8章（「トレンディドラマへの注文」）のあいだにある。攻守走三拍子そろった作品を中心に全盛を誇った日本ドラマが、九〇年代も後半に入ると徐々にその輝きを失い始める。……　そうした見立てのもとに、第7章までで全盛期の作を取り上げ、第8章以降は下降期の作をその理由とともに紹介していく、という構成なのである。

全盛期の作の取り柄を説明するのも、下降期の作の敗因を説明するのも、根拠となるのは例の三つの角度からの分析だが、下降期と言っても、一気に三拍子そろわなくなるというようなことは、さすがにない。最初は、ある要素ではすぐれていても他の要素では問題があり、に始まって、次第に、どの要素をとっても取り柄のない作品が氾濫《はんらん》するようになっていくのだ。この章で取り上げる『眠れる森』（脚本・野沢尚、九八年一〇月～一二月、フジテレビ）などはまさにその「最初は……」の代表例と言っていい。なにしろシナリオはあのNN（野沢・野島）時代を先導した野沢尚であり、わずか数年で腕前が落ちるなどということはありえないし、むしろその芸は円熟味を増してきたとさえ言ってもいいくらいなのだから。

『眠れる森』でも、自然の風景や闇の効果的利用、それらの映像表現は見事なほどの冴えを見せている。第4章で紹介した『青い鳥』における闇や暁闇の表現、『恋人よ』における沖縄の自然の表現は、急速に進行しつつあったテレビ革命ともあいまって画期的な成果を上げたが、『眠れる森』はまちがいなくその延長線上に位置づけられる作品なのである。

『眠れる森』の冒頭（プロローグ）は、土砂降りのクリスマスイブの夜の惨劇後のシーンから始まる。惨劇というのは、福島県御倉市で起きた市会議員一家惨殺事件のことであり、父親と母親は現場で即死、出血多量で病院に運ばれた長女もやがて息を引き取り、難を逃れたのは十二歳の次女のみ、という凄惨な事件だった。市会議員宅は教会に隣接してあり、カメラは、教会の屋根の上に立つ十字架から、教会の建物、その前に立つマリア像を映し出し、続いて隣家の慌ただしい救護作業の現場へと移動していく。

ハンディカメラを駆使したニュース映像ふうの表現によって被害者の収容作業が生々しく映し出されていく。それが、圧倒的な闇とそれと交錯する緊急車両の赤や白の諸照明、土砂降りの雨、という背景のもとに描き出されるのである。その間、テロップでは、豪雨のために返り血を浴びたはずの犯人の痕跡はかき消されてしまったこと、惨劇の第一発見者は長女の交際相手の大学生で、のちにその男が容疑者として逮捕されたこと、などが伝えられる。

野沢ワールドの魅力全開の滑り出し

以上は作品のプロローグの前半だが、後半では一転して、明るめの（＝暗くない）緑の森が画面いっぱいに映し出される。とりわけ、見上げた木立のあいだからのぞかれる空と、そこからさしこむまぶしい光の描写は魅惑的だ。まさに野沢作品ならではの癒し感満載の自然描写だが、ここでは人物は登場せず、対話する男と女の声だけがそこにかぶせられる。眠れる森の美女のように目覚めた時に目の前にいただけでそれが結婚相手とわかるのだろうか、とか、私が目覚めた時にはあなたにちゃんと目の前にいてほしい、とか、いいよ、ちゃんといるよ、約束よ、とかいったような。

プロローグの前半と後半はいろんな意味で対比的だ。最も基本的な対比は前半の〝暗〟と後半の〝明〟だが、その後半にしても単純な〝明〟ではない。緑の森にしてもそこにかぶせられた対話にしても、その意味するところは不明瞭であり、そのことが画面いっぱいに広がる緑の森の印象に一抹の不安というか、影を投げかけている。したがってシナリオ要素としてはプロローグだけでは未知数だが、ドラマ要素的には、闇や自然の印象的な表現といい、土砂降りの雨の中の事件現場の、自然音や生活音を中心としてそこに讃美歌のコーラスをかぶせていく音響表現といい、早くも野沢ワールドの魅力全開の滑り出しなのである。

このプロローグを受けて始まる『眠れる森』の一回目は、結婚式を三か月後に控えた植物園勤務の大庭実那子（中山美穂）と大手商社勤務の濱崎輝一郎（仲村トオル）の将来に、さまざまな影がさしこみ始める回である。実那子には小学生の時事故で家族を失った過去があり、そのために十五年前に群馬から東京に引っ越してきたのだが、結婚を前にして当時の引っ越し荷物を整理していたところ、思いがけなくも、十五年後にあの森で再会しよう、という群馬の少年（当時）からの手紙を見つけて心を動かされる。

結局、実那子は輝一郎には内緒で群馬の中之森にある森を訪れ、そこでハンモックに横たわる黒い帽子をかぶった怪人物（伊藤直季＝木村拓哉）と出会い、意味不明のさまざまなことを吹き込まれる。新しい自分になりたくないか、とか、残酷なことが実那子を待ち受けている、とか、おれがマッサラな人間に変えてやるよ、とか、あんたはおれの一部だ、とかいったような。

この緑の森のシーンはもちろんプロローグの後半部分を受けているが、前半の闇の部分を引き継ぐのは、一回目のラストの夜の植物園のシーンだ。実那子が一人で残業していたところ、突然電源が切られてまっくらになり、広大な植物園の闇の中をさまよったあげくに例の怪人物に出くわし、またしても、あんたはおれの一部だ、などとさまざまなことを吹き込まれるシーンである。このように、闇と緑を軸にドラマは進んでいくが、ドラマ要素としてはほかにも、エンディングクレジット（プロローグ前半の事件現場の映像が流れる）で流れるテーマ曲（竹内まりや「カムフラージュ」）も抜群の相性でミステリアスな雰囲気を盛り上げている。

こんな具合にドラマ要素の点では相変わらずの冴えが見られるものの、問題は、シナリオ要素のほうだ。この章のタイトルは「サスペンスの誘惑」だが、これには、サスペンスの誘惑に負けた（作り手たち）、という意味が込められている。要するに、サスペンス仕立て、ミステリー仕立てにしさえすれば、視聴者の興味を引いたり、関心をつなぎとめたりするのは比較的容易で、最悪でもそこそこの視聴率は稼げるわけで、それは少々安易ではないか、という非難のニュアンスが込められているのである。

にもかかわらず、その後、こうした傾向は業界にあっという間に広がり、近年では本来の刑事・探偵ものはもちろんのこと、特殊な捜査部門を題材にしたサスペンスものが急増している。過去の事件の検証専門課（？）だとか、鑑識や検死部門に絞り込んだものだとか、犯罪関係者のペット管理課（？）など、あらてのサスペンスものは枚挙にいとまがない。安易志向のオンパレードなのだ。

こうした流れの嚆矢《こうし》が何かは諸説あると思うが、いずれにしても、わたしとしてはせめて実力派の脚本家たちだけにはそんな流れに加わってほしくない、という思いがあるのである。そこで話は『眠れる森』に返るわけだが、第2章の『親愛なる者へ』でも見たように、巧緻な話づくりにかけては天才的な野沢の作ということもあって、『眠れる森』のサスペンス性、ミステリー性の巧緻さはほとんどあきれるばかりの水準に達している。ただ、わたしとしては、その天才ぶりを、安易に視聴率の稼げるサスペンスなどに発揮するのではなく、あの『親愛なる者へ』のような、正攻法のドラマ作りにこそ生かしてもらいたかったのだ。

もってまわった犯人探し

いま、『眠れる森』のサスペンス性の巧緻さと言ったが、これだけでは未見の読者はおわかりにならないと思うので、ネタばれにならない範囲で、もう少しだけ紹介しておこう。『眠れる森』のポイントの一つは、実那子の群馬時代の記憶というのは十五年前に心理治療の一環として埋め込まれたもので、実際の実那子は御倉市の市会議員一家惨殺事件で難を逃れた十二歳の少女だったという点である。悲惨な記憶から実那子を救うためにそうした治療がおこなわれたというわけだ。そしてこれに関連して、記憶を埋め込んだのは伊藤直季の父（伊藤直巳＝夏八木勲《なつやぎいさお》）で、埋め込まれたのは息子の直季の記憶であり、しかもその記憶は十五年間しか持たない、という設定になっている。したがっていま二十七歳になった実那子は、徐々に御倉時代の悲惨な記憶を取り戻していく運命にあるのである。

二つ目のポイントは、市会議員一家惨殺事件の真犯人は誰か、という点である。既述のように、犯人として逮捕されたのは長女の恋人で、第一発見者の男（国府吉春＝陣内孝則）

だが、十五年間を獄中で過ごし、仮出所の身となった今は、何者か（実那子かも）を探し出して仕返ししようとしている、という設定である。そのこととも関連して、真犯人は国府ではなく別にいたかもしれない可能性は、作中で何度も蒸し返される。

三つ目のポイントは、木村拓哉演じる伊藤直季の役どころである。当初は実那子に敵対するような役柄で登場するものの、記憶の移植やらそれが期限付きであることなどが明らかになるにつれて、擁護する側にまわるようになり、最後はそれ以上の存在へと変わっていく。もっとも、当初から、市会議員一家惨殺事件の真相や、仮出所した国府の動向を、友人でフリーライターの中嶋敬太（ユースケ・サンタマリア）と一緒に探るなど、実那子側の人物である可能性は観る側にはほのめかされていたのだが、少なくとも実那子にとっては、当初は恐るべき怪人物と映っていたのである。

この三つのポイントをつなぐようにして『眠れる森』のサスペンスは構成されており、これだけでも巧緻さを越えて大変な入り組みようだ。しかも『眠れる森』には以上の主軸に加えて、コブにでもたとえられるような設定や趣向（無くても差し障りがないような枝葉のエピソード）がいくつも付け加えられている。たとえば失踪（死亡？）したはずの輝一郎の母が実は健在なのではないかとか、実那子は実は市会議員の養女で、実父は直季の父であった（＝実母の不倫）とかいったような。

「サスペンスの誘惑」にかられて、これでもかこれでもかと視聴者の気を引くような設定を畳みかけていった様子が見て取れる。主軸の入り組みようにしても、無くもがなのコブ設定にしてもだ。だいたい、本来は実那子側の人物である直季を、なぜ、当初、あそこまで怪人物として毒々しく描かなくてはならなかったのか。視聴者の気を引くことに、作り手側が必要以上に躍起となっていたからではないか。

同じことは真犯人探しについても言える。国府が犯人ではないかもしれないことはすでに紹介したが、最終回の第十二回に向けて、真犯人候補が出てくること出てくること！　輝一郎の母、直季の父、さらには実那子本人までも。もちろん、国府が最有力候補であることに変わりはないが、最終回で明らかにされる本当の犯人は実はそれ以外の人物だったのである。いずれにしても、ここまでもってまわった犯人探し＝謎解きが、話の展開上の必然であるわけがなく、作り手側がもっぱら視聴者を惑わせ、その気を引くことばかりに血道をあげた結果が、これだったのではないだろうか。

九〇年代後半のドラマ状況を象徴

ここまでの章で見てきたように、九〇年代初めにはドラマの出来映えを客観的に評価しようとする動きが現れ、それと前後してNN時代の幕が開け、シナリオ・ドラマ化・時代性の三拍子そろったドラマが輩出したのもつかの間、十年もたたないうちにふたたび視聴者や視聴率におもねるような風潮が頭をもたげてきたのだろうか。

視聴者の気を引くことばかりに躍起となって、という点では、ある時から盛んに作られるようになった医療ものドラマなどもサスペンスものと同様の危うさをまぬがれない。なにしろ人間の生死がかかっているので、少々まずく作られていても、気になって毎週観てしまうのだ。これら以外にも、人気コミックを原作としたドラマとか、出演するタレントや歌手の人気におんぶしたドラマなども、この仲間に入れていいかもしれない。さすがにお茶の間ドラマなので、映画のように、ヌードシーンにおんぶする、という例は少ないが、いずれにしても、シナリオ・ドラマ化・時代性の三要素を押し立てて堂々と正攻法で勝負する、という姿勢が徐々に失われていったのはまちがいない。それが九〇年代後半のドラマをめぐる状況であり、そうした変化を象徴するのが、「サスペンスの誘惑」に負けた『眠れる森』というドラマだったのである。

第10章「いったいどうなってんだよ！」――『Days』

『Days』

『Days』(脚本・大石静、九八年一月〜三月、フジテレビ)については第8章でも紹介したが(そこでは絶賛)、この章では九〇年代後半の日本ドラマの急降下の例として取り上げることにする。すなわち前章の『眠れる森』同様、ある要素ではすぐれていても他の要素では問題があり、の代表例として。ところで、「いったいどうなってんだよ！」というこの過激なタイトルだが、これは『Days』の第六回で(全十回)、まわりの友人たちが男も女も、いわば男狂い、女狂いに明け暮れているのを見て、主人公の矢部鉄哉(長瀬智也)があきれて発したセリフから取ったものだ。

第8章で確かめたように、五つの地方から志を抱いて上京する六人の若者を登場させて、あれほど見事な滑り出しを見せた『Days』だが、中盤からの落ち込みようは誰もを唖然とさせるほどにひどいものだった。一言で言えば、話が男女関係、三角関係に限定されてしまい、しかもそれを描くのに同一趣向を連発する、というテイタラクなのである。

落ち込む端緒となったのはまちがいなく第五回だ。そこまでの回では、壮太（金子賢）と一子（ＭＩＫＩ）はすっかり恋人同士の関係となり、鉄哉と菜々子（菅野美穂）はどちらかというと菜々子が押し切る形で付き合い始めた。真面目人間のまゆみ（中谷美紀）は、同じく真面目人間で画家志望の浪人生・潤（小橋賢児）と悩みを打ち明け合うような関係となった。

そこに、壮太がモデルのアルバイトをする美術予備校の美人講師辻茅野（山咲千里）が割り込んできて、壮太を翻弄するようになる。茅野の夫は有名な画廊の経営者で、二人の間には子供もあった。つまり茅野にしてみれば壮太はちょっとした火遊びの相手でしかなかったのだが、壮太のほうは一子のことなどすっかり忘れて夢中になってしまう。

そこで第五回となるのだが、茅野の運転する外車でアパートまで送られてきた壮太を、鉄哉とまゆみになだめられて壮太に会いに来た一子が目撃してしまう。しかも車中の二人はまちがいなくキスを交わしており、ショックを受けた一子は駆け出し、それをあわてて壮太が追いかける、という展開だ。結局、この夜は壮太は一子を懐柔（かいじゅう）することに成功するが、茅野への未練を断ち切ったというわけではなかった。

この回にはもう一つ、重要な目撃事件が仕組まれている。それに先立って、工場の同僚で、倒れて入院した古賀老人に付き添っていた鉄哉が、小樽の老父を思い起こさせる老人の言葉にしんみりしていたところをまゆみに見られ、かねてから意識しながらも反発しあっていた二人がはからずも心を通わせてしまうという出来事があった。人は一人では生きられないとの思いが、鉄哉にまゆみの手を強く握らせ、抱きしめさせたのである（まゆみの解釈）。

そこでもう一つの目撃事件だが、鉄哉のアパートの前で、二人が共有した病院での出来事の意味を説いて再び閉じてしまった鉄哉の心をこじあけようとするまゆみと鉄哉の姿を、いちおうは鉄哉のカノジョである菜々子が目撃してしまったのだ。壮太―一子―茅野、鉄哉―菜々子―まゆみ、二つの三角関係がこの回で一気に表面化する。そして、その露顕の仕方はどちらも、当事者の一人が他の二人が一緒にいるところを目撃する、というかたちをとっており、しかも、その場所はどちらも、壮太と鉄哉のアパートの前（工場の二階がアパートで、そこに同居していた）、というお手軽さだ。

前者の三角関係は長続きはしないが、後者のそれは、主要人物間の関係ということもあって、以後、『Days』はこの関係をめぐって堂々めぐりを繰り返す。第8章で確認したあの間口の広さ、壮大なスケールはどこに行ってしまったのか、と思わせるような急ブレーキであり、急ハンドル、急転回なのである。

続く第六回では、菜々子はすっかり嫉妬心のとりこになり、まゆみには「私がいないと必ず鉄哉さんに会いに行くのね」と毒づいたり、鉄哉には「まゆのこと、どう思う？」、「私とまゆとどっちが好き？」と迫ったりしている。いっぽうの鉄哉はそのうえ壮太からも、例の目撃事件によって茅野の心が自分から離れていったのではないかとしつこく相談をもちかけられ、さすがに「いいかげんにしろよ、どいつもこいつも、好きだとか嫌いだとか」と声を荒らげるのだった。

こんな鉄哉を見ていると、三角関係はもうたくさん！　と『Days』の急転回を嘆くわれわれの気持ちを代弁しているのではないかとさえ、思えてくる。この章のタイトルとした「いったいどうなってんだよ！」にしても、男女関係のもつれから行き場を失って鉄哉のところにころがりこんできた菜々子に対して、音《ね》をあげた鉄哉の口から出た言葉だったのだ。

菜々子はもともとまゆみと同居していたのだが、例の目撃事件以来まゆみと鉄哉の関係に疑心暗鬼となり、一子の部屋に避難してきたものの、そこにも茅野に振られた壮太が押しかけてきて居られなくなり、「行くとこないの」、「今晩泊めて」と鉄哉にすがってきたというわけなのである。

これは第六回のラスト近くだが、ここでもう一度、視聴者は腰を抜かすようなシーンに遭遇する。部屋にあがるなり鉄哉に抱きついてきた菜々子が鉄哉に唇を押しつけているところに、何とまゆみが訪ねてくるのである。ちょっと前に鉄哉から借りた傘を返しに。唇を押しつけあっていた二人が（鉄哉が？）ドアのほうに首を回すと、すでに中に入って三和土《たたき》の上に立って呆然とこっちを見ていたまゆみと目が合う、というわけだ。

第五回の二つの目撃事件とあわせれば何と三つ目の同工異曲だが、それにしてもこの場面は、単にお手軽というだけでなく、いかにも苦しいシチュエーションだ。そもそも他人の部屋のドアを勝手に開けて、いつのまにか三和土の上に立っている、などということがありうるのだろうか。それでも、そうでもしない限りは、室内で抱き合う二人をまゆみに目撃させることは不可能だろうし、いずれにしてもこの場面一つ取ってみても、『Days』の後半での急降下ぶりは目に余るものがある。

『Days』の失墜は、本書中でしばしば言及したペース配分問題ともつながっている。既述のように、三角関係問題が一気に浮上するのは全十回中の五回目だが、それが早すぎるために、以後の三角関係をめぐる堂々めぐりが退屈に感じられてしまうのである。三角関係を爆発させるにしても、せめてそれがいわゆる起承転結の「転」のあたりであれば、あとはそこから「結」に向かって坂道を一気呵成《いっきかせい》に下っていくだけなのだから、不自然さは目立ちにくかっただろう。

ワンパターン化した「三角関係」

別の章でも述べたことだが、九〇年代後半の日本ドラマの下降期には、ペース配分や起承転結に失敗した作品が多い。ただ、それが単なる失敗かというと、そうとは言えない場合も少なくない。全十二回を辛抱強く毎週楽しみに待っていてくれる視聴者があってこそのペース配分であり起承転結なのだから、受け手の側にそうした姿勢が見られなくなれば、作り手側としても、受け手の要望に合わせて目玉を早め早めに出さざるを得なくなるのは当然だからだ。

『Days』の五回目などというのはまだいいほうで、九〇年代も末のほうになると、三回目くらいでネタはすべて出し切ってしまい、あとは男女がくっついたり離れたりを繰り返すだけ、というような構成のドラマが増えてくる。しかし、それももとはといえば、視聴者であるわれわれが蒔《ま》いた種であったのかもしれないのだ。

第4章で紹介した『青い鳥』などの場合も、ペース配分的には失敗した典型例と言えるだろう。というか、あえて、正統的な起承転結を忌避している。話の流れをもう一度紹介しておくと、子連れで不幸な再婚生活を送っていた女性と逃避行をくわだてた柴田理森《よしもり》は、夫らに追われるなかで女性を転落死させてしまい、その責任を取って服役する。六年後、仮出所した理森は十五歳になった女性の娘と再会し、彼女の希望で女性の骨を散骨するための旅に出る。かつて妻を奪われた、娘の義父である男や、理森の幼馴染で、理森への思いを断ち切れない女性からの妨害や干渉などもあったが、二人は無事散骨を終え、再度の収監を覚悟した理森は娘と別れる決心をする。しかしその四年後、今度こそ刑期を終えて出所した理森は娘と二度目の再会を果たす、という流れだ。

シナリオ要素としては伏線や仕掛け、趣向など、緻密に構成されているものの、全十一回の流れとして見た時には、理森の二度にわたる刑務所からの出所、娘との二度の再会など、首をかしげたくなるような個所が少なくない。しかし、これももとはといえば、最終回まで辛抱強く毎週楽しみに待つ享受習慣をいつのまにかわれわれが失ってしまったせいであったのかもしれないのだ。前半部分では女性との逃避行、後半部分ではその娘との散骨のための旅、という特異な二部構成も、そうした享受形態の変化に応じた苦肉の策として生み出されたものと考えれば納得がいく。

いずれにしても、ドラマのほうが、一人で、勝手に、ダメになっていったというふうには考えないほうがいい。作り手側と受け手側との関係の中で、ドラマは変貌していくのであり、だとしたら、ペース配分や起承転結の「失敗」もまちがいなくその一例なのである。作り手側と受け手側との関係の中で、ということでは、前章で述べた「サスペンスの誘惑」も、受け手側の意をくんだ結果としてああいう方向に導かれていったにちがいない。

それればかりでなく、『Days』を扱ったこの章でぜひ指摘しておかなくてはならないのは、下降期のドラマ界においてサスペンスものと並んで大量に作られた（安易な）三角関係ものも、やはり視聴者の意をくもう（悪く言えば迎合ということだが）とした結果なのではないか、ということである。実際、もっともお手軽に視聴者に受けようとすれば、サスペンスと三角関係ものの右に出るものはないだろう。それほど、われわれは、サスペンスの謎にひかれ、三角関係の帰趨が気になる動物なのである。

したがって、古今東西、ほとんどの文学作品にこの二つは貴重なスパイス、ないしはそれ以上のものとして重宝されてきたわけだが、ドラマの場合ももちろんその例外ではない。ただ、問題は、その使い方、というか、程度である。前章で見た『眠れる森』のような、あまりに不自然で過剰なサスペンスへの傾斜や、本章で見た『Days』のような、ワンパターン化した三角関係の連発を前にすると、さすがにサスペンス好き・三角関係好きのわれわれでもたじろいでしまう。

ここで、例示した三つの作品の発表時期を再確認してみると、『青い鳥』が九七年、『Days』と『眠れる森』が九八年である。いずれも本書中で繰り返し指摘してきた、ある要素ではすぐれていても他の要素では問題があり、という作品が登場し始める九〇年代後半（の後半）の作品だった。攻守走三拍子そろった作品を中心に九〇年代に入る頃から全盛を誇った日本ドラマが、九〇年代も後半に入ると徐々にその輝きを失い始め、最初は、ある要素ではすぐれていても他の要素ではちょっと、から始まったものの、二〇〇〇年に近づくにつれて次第に、どの要素をとっても取り柄のないような作品が増えてくる。そうした大きな流れの中に右記の三作品も確かに位置していたのである。

第11章　ドラマの「十年問題」——続『高校教師』

続『高校教師』

大衆性、庶民性という点で、テレビドラマは、大衆文学、流行歌などと通じるところがある。社会とか時代、世相と距離が近いだけでなく、世相を反映したり逆に時代に影響を与えたり、といったように、時代や社会と双方向的な関係にあるのである。第3章ではそうした観点から、テレビドラマである『高校教師』に、歌や文学ではお馴染みの、社会性を持ったテーマである望郷・帰郷物語の骨格を見出し、それが明治から昭和へと継承されてきた普遍的な側面と、『高校教師』ならではの現代的な側面とを併せ持つことを指摘した。

繰り返しになるけれども、少しおさらいをしておくと、『高校教師』では、恩師の娘との婚約解消、研究室への復帰の可能性の断念など、主人公の高校教師である羽村がすべてを失った地点から、近親相姦の泥沼でもがく繭との愛と望郷と、という二つの主題が浮上してくる構成になっていた。しかも、その二つは最終的には一つになって、羽村を最後の、絶望的な旅へと誘い出すのである。

羽村の前に、見捨ててきたはずの〈故郷〉が姿を現すのは、彼がすべてを失った第四回につづく第五回においてだった。田舎で農家を継いで大学院への仕送りまでしてくれていた兄が、上京してくるのである。しかも、同じ第五回で、鎌倉に遠出した羽村と繭は「衝撃の一夜」を共にすることにもなる。

さらにここで重要なのが、二人で鎌倉の海を見ながら、太平洋側の海と日本海側の海とでは「どっちの海が好き?」と問われた羽村が、「そりゃあ、新潟の海さ」と答え、いつかは繭を自分のふるさとの海へ連れていくことを約束していることだ。未来を絶たれた羽村に残された最後の拠り所ともいうべき繭との愛と望郷とがここで一つになり、最終回の帰郷へとつながっていくのである。

結局、羽村は、繭を父親の手から自由にしてやろうとして、繭の父の二宮に危害を加えてしまう。深手を負った二宮はみずから家に火を放って果てるが、警察の追及は、繭や羽村の身辺にまで及び始め、そんななか、二人は羽村の故郷をめざすことになるのである。

第3章では、当時センセーショナルな取り上げ方をされたこのドラマをこのように読み換えて、そこから、望郷・帰郷物語という構図がいかに普遍的で、依然としてわれわれやわれわれの社会の中に深く根を下ろしているということを指摘した。しかし、これが、あくまでも昭和ならぬ平成の時代の産物である以上、どこかには時代の影は落ちているはずだった。

『高校教師』の場合、二人はついに故郷にたどりつくことはなかった。死んだのか眠っているのかで話題となった、座席で眠るように身を寄せあっているシーンで終わってしまったのだ。おそらくこれこそが、普遍的であるはずの帰郷物語の、この時代ならではの変形パターンだったのである。

続編としては致命的な欠陥

その『高校教師』が二〇〇三年に十年ぶりで復活した（脚本・野島伸司、二〇〇三年一月～三月、TBS）。前作で女子高生と関係をもってそれをネタに恐喝まがいの振る舞いをした英語教師藤村知樹（京本政樹）がイメージチェンジした上で再登場しているのを除けば、出演者はほとんど入れ替わっているが、舞台となる女子高（日向女子高）は同じだし、主題歌も前作で話題沸騰した「ぼくたちの失敗」（森田童子）をそのまま使っている。この続『高校教師』について、開始早々の時点で、わたしは当時『毎日新聞』に連載中だった「TVドラマ千一夜」のなかで、このようなことを書いた。

この十年、の回顧論議が盛んだ。不良債権問題にしても、行政改革にしても、政界再編にしても、さらには拉致問題にしても、本来ならとっくに何とかできていたはずだ、というのである。

それが、目先のことだけしか、あるいは自分の利益しか頭にない「抵抗勢力」によってことごとくつぶされてきたというわけだ。でも、いままたそれが繰り返されようとしている（?）のを見ると、人間の知恵とか力なんてしょせんその程度のものかな、との悲観論に陥りがちになる。

この十年問題は我々の人生や家庭にもあるが、ドラマの世界にだってある。ここまでにならないうちに（!）、何とかできなかったのだろうか、というような。その、ドラマの十年問題に果敢に取り組もうとするドラマが現れた。いうまでもなく、十年ぶりに大胆にも同じタイトルで登場した『高校教師』（TBS系、金曜十時〜）だ。十年も間をおいているからには、これが単に柳の下のどじょうを狙った、よくあるパート2ものとは似て非なるものであるのはまちがいない（と、思いたい）。『高校教師』がこの十年の変化（ないしは無変化）をどう描き分けるのか。高校生、性、教育、家族、そしてそれらをひっくるめてのこの社会を。まだ数回見ただけだが、期待通りの面とあやしげな面とがある。

前作では教師も女子高生も、濃密に家族というものを引きずっていた。地方で農家を継ぎ仕送りを続けている兄の複雑な思いであり、主人公と近親相姦の関係にある父という存在だ。これと比べると今作では家族の存在感は希薄で、そこに「十年」の影を読み取ることもできる。その一方で、前作と同じような雰囲気で捉えられているものも多い。高校生とか性、教育現場とかだ。これでいいのかどうか、ともかく進行を見守りたい。

この十年問題は、描かれる内容だけでなく、ドラマの作り方にもあてはまる。この十年間のドラマの地盤沈下に対して、どうそれを批判・克服し、前作の完成度を再現できるかが、問われているのだ。

その点で言うとまだ未知数だが、不治の病いという設定や、それを少女に自分のこととして思わせるややあざとい趣向などが気になる。『高校教師』よ、お前もか、の可能性もなくはないからだ。

上戸彩の大人と子供を自然に共存させたナイーブな存在感がすばらしい。この十年の変化をまちがいなく表現し得ているものの一つだが、彼女の個性に頼ることなく、内容でも作り方でも、もっともっと十年問題を追求してほしい。

そう言えば、前作のあの二人はどうなったのだろうか。結末の、故郷に向かう車中での生死が物議をかもしたが、それへの回答も含めて、あの二人の十年問題が浮上してくるようなことがあれば、我々としては二倍楽しむことができる。

(『毎日新聞』夕刊、二〇〇三年一月二四日)

結局、残念ながら、前作のあの二人の消息が明かされることはなかった。続編としては致命的な欠陥だと思うが、わたしは作り手側ではないのでどうしようもない。ただ、「十年の変化」ということで言えば、少なくとも家族や故郷をめぐってはその十年間の変化が反映されていたことは確かだ。連載の中でも書いたように、前作では濃密に家族とか故郷とかを引きずっていたのが、ほとんど希薄化してしまったのである。どんな家族か、どこが故郷かすら、満足には明かされることがない。

にもかかわらず、難病で死を目の前にした男性教師・湖賀郁巳（藤木直人）と、彼を気づかう女子高生・町田雛（上戸彩）は、前作と同じように新潟に向かう。車中でのやりとり、外に広がる寒々とした雪景色。どちらも前作と同じだ。でも、そこが故郷であるというわけではないらしいし、とりたてて場所や風景に対して彼らが感慨を抱くわけでも、ない。何しろ、新潟に向かった理由というのが、テレビで見た白鳥のいる湖を見たくて、というものだったのだから。新潟県水原《すいばら》町にある瓢湖がそれだ。

ドラマには、二度、白鳥が群れる瓢湖が登場する。最初は二人で訪ねた時。そしてもう一度は、ラストシーンで、東京で脳腫瘍の手術をした湖賀をおいて、雛が一人で思い出の地を訪れる場面。可能性としては彼の生存もかすかにはありうるのかもしれないが、ともかく、彼女は彼との思い出の地にふたたびやってきたのである。毎年飛来する白鳥のように、おそらく彼女はこれからもずっとここにやってくるにちがいない。その意味では、ここは彼女にとってふるさとと言ってもいいような場所だが、もちろんそんなこざかしい説明はドラマにはない。

『TVドラマ千一夜』のなかでは、「この十年問題は、描かれる内容だけでなく、ドラマの作り方にもあてはまる。この十年間のドラマの地盤沈下に対して、どうそれを批判・克服し、前作の完成度を再現できるかが、問われているのだ」と問いかけ、「その点で言うとまだ未知数だが、不治の病いという設定や、それを少女に自分のこととして思わせるややあざとい趣向などが気になる。『高校教師』よ、お前もか、の可能性もなくはないからだ」と不吉な予感を書きつけておいたが、残念ながらそれは現実のものとなってしまった。

脳腫瘍で余命半年という難病設定も安易だし、不治の病いを少女が早とちりして自分のことと思い込んでしまうという奇異な趣向が全十一回中、二回目から八回目まで続き、もっぱらそれを中心として話が展開する、という安易さだ。

「故郷」の変質

シナリオ要素はお粗末でもドラマ要素は秀逸、などという逆転劇はそうそうあるものではないが、続『高校教師』の場合もドラマ要素での大逆転はなかった。映像、音楽、キャスティング、演技等々のドラマ要素のうちでも特に出来映えを左右するのは映像と音楽だろうが、音楽は二番煎じだし、映像面でも第4章で取り上げた『青い鳥』や『恋人よ』のようなキレがあるわけでもない。ただただ、「TVドラマ千一夜」で「大人と子供を自然に共存させたナイーブな存在感」と評した、伸び盛りの女優の魅力におんぶするばかりなのである。そこではそれに続けて「彼女の個性に頼ることなく、内容でも作り方でも、もっともっと十年問題を追求してほしい」と注文をつけておいたが、結局それがかなえられることはなかったようだ。

もっとも、シナリオ要素やドラマ要素は不発でも、続『高校教師』はもう一つの時代要素のほうで何とか持ちこたえてみせた、と言えないこともない。前述したように、前作では濃密に家族とか故郷とかを引きずっていたのに対して、現在（二〇〇三年）ではそれがほとんど希薄化したことをストーリーを通じて証明してみせた、と言うこともできるのだから。ただし、それは、積極的な証明などではない。受け身の、結果的に証明してしまった、というに過ぎないのである。

ともあれ、これが、十年目の『高校教師』が（結果的に）表現した「故郷」の変質だった。前作の高校教師が感じていたような故郷の持つ重々しさやうっとうしさ、故郷への思い入れなどは、ここにはない。それとは関係なしに、ただただ、愛着のある場所や風景への共感がクローズアップされて、ドラマは閉じられるのである。それはちょうど、かつての盆帰省が、いまは純然たる行楽へと変化してしまったこととと見合っているようにもみえる。

都会からの訪問者を迎えるふるさととの自然に大した変化はなくとも、かつては祖先・両親・旧友らへのあふれる思いを抱いての帰郷であったものが、いまは子供の行楽中心の、往きと帰りの混み具合を第一に気にしながらの帰郷となり果ててしまった。もちろん、それを悪いと言っているわけではない。多くの人が身に覚えがあることであろうし、それが時代の変化だと言っているのであり、それに見合うような変化が、『高校教師』から、十年後の続『高校教師』とのあいだにも見て取れる、というだけのことなのである。

「TVドラマ千一夜」のなかでは「この十年間のドラマの地盤沈下に対して、どうそれを批判・克服し、前作の完成度を再現できるか」として、続『高校教師』に、急降下してしまった日本ドラマの汚名挽回の役回りを期待したが、結果的には逆に、このドラマは九〇年代後半以降急速に劣化した日本ドラマの惨状を象徴するような作品となってしまった。しかも、あろうことか、それが、あのNN時代を牽引した野島伸司の作品であっただけに、事態は深刻だった。そうしてこのどん底状態で、日本ドラマは『冬のソナタ』という強力な黒船の来襲に見舞われることになるのである。

第12章　冬ソナに完敗——『冬のソナタ』

『冬のソナタ』

韓国ドラマ『冬のソナタ』が韓国で放映されたのは二〇〇二年。それが日本ではＮＨＫの衛星放送で二〇〇三年四月から放映され、好評だったのを受けて同年一二月から再放送され、さらに翌年四月からは地上波でも放映された。そして完全版と銘打ったもの（それ以前は多少カットもあり、吹き替えだったが、今度は韓国版そのままで字幕を付けて）が衛星放送で放映されたのは二〇〇四年一二月から。どれも大変な評判となり、いわゆる韓《ハン》流ブームの先駆けともなったことはよく知られており、今では伝説的存在ともなったドラマだ。

ところで興味深いのは、この『冬のソナタ』が放映開始された時期だ。二〇〇三年四月——前章までで見たように、これは続『高校教師』の放映が終了した直後である。十年前の傑作『高校教師』のあとを受けて多くの期待を集めながらも結局は失速・挫折した続『高校教師』と入れ替わるようにして、『冬のソナタ』がお茶の間に登場してきたというわけだ。

もちろん、時期の近接などはただの偶然に過ぎない。ただ、そうだとしても、日本ドラマの劣勢を立て直すべく登場した期待の作品（続『高校教師』）が討ち死にしたその後に『冬のソナタ』が登場してきたという事実には、単なる偶然以上の象徴的な意味を感じずにはいられない。前章までで見てきたように、九〇年代半ばにピークを迎えた日本ドラマは徐々に下降線をたどり、この時期、どん底と言ってもいいような状態にあったからである。

日本ドラマのレベルが急降下

九〇年代半ばのピークは既述のように野沢尚と野島伸司の頭文字をとってNN時代と呼ぶこともできた。同時期にはドラマを評価すべき対象（芸術作品？）とみなして、客観的に評価しようとする動きも見られるようになったが、実際この時期の諸作はそれらの評価基準に照らしても合格点をはるかに越えるものが多かった。評価基準は必ずしも一つである必要はないが、わたしがその頃「ドラマ学入門」なる授業で野球の攻守走になぞらえて考案したドラマ評価の三要素は、シナリオ、ドラマ化、時代性の三つだった。設定、筋、テーマなどからなるシナリオ、それに映像、音楽、キャスティング・演技などで肉付けするドラマ化、さらにそうして出来た作品が時代や社会とどのように関わっていたかなどを採点し、ドラマを総合的、客観的に評価しようとしたのである。

そうした評価基準で見ても九〇年代半ばくらいまでは攻守走三拍子そろった作品とか、三拍子まではいかなくとも少なくともどれかの要素だけは突出した作品とかは、珍しくなかった。しかし、本書を通じて見てきたように、九〇年代後半に入る頃から、作品レベルが軒並み急降下し始める。シナリオで言えばたとえば、今・都会・若者・三角関係中心の狭い範囲に限定された話が多くなり、全十二回まるまる使っての伸び伸びとした起承転結は失われた。

ドラマ要素では、たとえば起用が人気タレントに集中するようになり、かつては主役級は一クール以上あけて登板するのが常識だったのに、毎クール連投するようになってしまう。当然役作りもままならず、観る側からすれば前作とイメージがダブり、迫真の演技とか、役に成りきったような演技などというものは、夢のまた夢となってしまった。

時代要素でもそうだ。かつては時代や社会を反映・体現だけでなく、それへの批評性も期待できたのに、反映よりもさらに低次の現状追随のような作品ばかりになってしまった。テーマを掲げて視聴者を啓蒙しようとか、導こうなどといったものは皆無になってしまったのである。

そんな時期に登場してきたのが『冬のソナタ』だった。この章のタイトルは「冬ソナに完敗」だが、以下ではどのようにして冬ソナが日本ドラマに「完勝」したのかを見ていくことになる（もっとも、その後次々に紹介された韓国ドラマで冬ソナほどのものは稀で、その意味では日本ドラマはトーナメント戦の初戦に優勝候補とあたって敗退したようなものだった）。

ここで、最初に断っておけば、冬ソナの完勝は、三要素で採点されるテレビドラマとしての完成度だけが理由ではなかった。そこに見られる純愛のかたち、さらには随所に見られる人々の生き方や人間同士の関係、自然との関わり方、等々においてもわれわれは完敗だったのである。

拡がりのある設定とスムーズなペース配分

さて、まずはドラマとしての完成度だが、最初にどんな話であったのかを簡単に紹介しておこう。――高校生の時、ユジンの恋人チュンサンが事故死する。幼馴染のサンヒョクがそのユジンを見守り、十年後に婚約へとこぎつける。ところがそこへ、チュンサンと瓜二つのミニョンという男性が現れ、ユジンの気持ちは揺れ動く。やがてミニョンとチュンサンは同一人物とわかり、それればかりでなく、ユジンとチュンサン（ミニョン）が異母兄妹ではないかという疑いも発生し、ユジン、チュンサン、サンヒョクの三人がその親世代をも巻き込んで翻弄されるようになる。ユジンの父は十六年前に死んでいたが、かつてサンヒョクの父とチュンサンの母を争っていた時期があり、そのためユジンとチュンサンが異母兄妹の可能性が浮上したのである。

すでに繰り返し説いてきたように、シナリオの出来は、設定とペース配分に多く左右される。どことかいつとか職業とか世代とか事件とか、設定はなるべく拡がりがあったほうが話の展開を豊かにするわけだが、見てきたように九〇年代後半から二〇〇〇年代にかけての日本ドラマは都会・若者・三角関係という狭い範囲に限られたものが多くなってしまっていた。

ペース配分にしても周到に計算されたものは少なくなり、たとえば全十二回の十回目くらいで出すべきエピソードを三回目、四回目あたりで出してしまい、あとはひたすら、主人公の男女がくっついたり離れたりを繰り返すだけ、という展開が多くなってしまっていた。もっとも、これは、作り手側もだが、あとのほうの回まで辛抱できなくなった受け手側にも責任がある。

アナログ型人間からデジタル型人間へ、とはよく言われることだが、時間の流れにそって享受するという本質を持つ時間芸術の代表格である文学・映画・ドラマなどの場合は、連続的な、すなわちアナログ的な鑑賞が必須のはずだが、新時代のデジタル型人間はそれが苦手だ。連続（アナログ）ではなく点（デジタル）で享受してしまうので、ドラマの流れや起承転結についていくことがむずかしくなる。流れというより点の集合であるバラエティ番組や歌番組がドラマを圧倒するようになった一因である。オーソドックスなペース配分や起承転結がすたれ、今週はくっついた、次週は別れた、というような単なるハラハラドキドキのデジタル型の展開が多くなった背後には、大げさに言えばそうした文明論的理由もあったのである。

設定とペース配分という評価基準を『冬のソナタ』にあてはめると、どのようなことが言えるだろうか。まず設定のほうで言うと、時期、場所、職業からして大変な拡がりを持っている。現在に対して十年前はチュンサンが交通事故で亡くなった時期、そしてその二十年前は親世代が三角関係の渦中にあった時期だ。場所も、現在は都会（ソウル）が中心だが、高校時代は地方都市（春川《チュンチョン》）、そしてユジンが建築の仕事でしばしば訪れるリゾート地と、主なものだけでも三か所を舞台としている。

いっぽう世代的には若者世代だけでなく、親世代をも巻き込んでの話となっており、職業も、建築関係、教師（サンヒョクの父）、ピアニスト（チュンサンの母）、服飾関係のユジンの友人など、これまた多彩だ。次々に起こる出来事も、二度の交通事故、十六年前のユジンの父の死、異母兄妹問題、チュンサンの失明の危機問題をはじめとして、実に盛り沢山だ。いわゆる韓国ドラマの中の出来事というと、出生の秘密とか難病、階層差問題とかがもっとどぎつく描かれるのがふつうだが、『冬のソナタ』では出生の秘密や難病が比較的おだやかな調子で描かれているのも特徴である。

ペース配分のほうはどうだろうか。全二十回のうちの二回目のラストで高校生のチュンサンが交通事故で亡くなるが（のちにくつがえされる）、続く三回目で現在に移行し、二十八歳になったユジンやサンヒョクが登場する、というように、時間移動もスムーズにおこなわれている。

問題のチュンサンの生死、異母兄妹問題だが、チュンサンの生存は母であるカン・ミヒがアメリカから帰国する八回目でほのめかされ、九回目のラストで、視聴者にはミニョン＝チュンサンであることが決定的となる。そして十二回目で、サンヒョクもこの事実を知るが、ミニョンから、自分はチュンサンであると告白されてもまだユジンは信じることができない。いっぽう異母兄妹問題は十七回目で当のユジン以外には知らされるが、十九回目では血液検査によって、実はサンヒョクとチュンサンこそが兄弟であったことが判明する。全二十回をフルに生かしきった申し分のないペース配分と言えよう。

愛はどのように描かれたか

ドラマ三要素の二つ目は、そのシナリオをどうドラマ化したかである。映像、音楽、演技などだが、多くのファンがその映像の美しさにひかれてロケ地を訪れ、またテーマ曲や挿入音楽もファンのこころをつかみ、当時むやみやたらとコンサートが開かれたのは記憶に新しいところだ。演技のほうも、日本人のそれに慣れた目には多くのものが新鮮に映った。特に、泣いたりする時などの目の演技。最終回で失明したチュンサンを演じるペ・ヨンジュンの真に迫った演技を覚えておられる方も多いのではないだろうか。高校生のユジンを演じるチェ・ジウの自然体の演技も記憶に残った。当時、新聞のインタビューでわたしは恥ずかしながらチェ・ジウの演技を若き日の吉永小百合のそれになぞらえたことがあったが、少なくとも二〇〇三年当時これに匹敵する演技ができた日本の女優はいなかったのではないだろうか。

シナリオ要素、ドラマ要素の次は、時代要素である。この十年間（チュンサンの事故以降）、三十年間（親たちの三角関係以降）の社会の変化、特に男女関係の変化を大きな背景として、恋愛の変質、女性の社会進出、都会やリゾート地の開発、医学の発達、などが作品展開と重要な関わりを持って表現されている。

ところで、『冬のソナタ』の完勝は、以上のようなドラマとしての完成度だけでなく、そこに見られる純愛のかたちや、人々の生き方・人間同士の関わり方にも勝因があったのではないかと指摘しておいた。――まずは『冬のソナタ』の代名詞ともいうべき純愛だが、日本では過去のものとなってしまった純愛がここにある！　と感激したファンは多かったのではないだろうか。中高年にとっては郷愁の対象として、若者にとっては新鮮なものとして。

またしても『純愛の精神誌』の著者として言わせてもらうなら、今の日本では単に愛の強調語でしかなくなった「純愛」だが、かつてはプラトニック・ラブと同義語で、そのために純潔教育なるものが実施されたり、結婚までは性的関係は禁止、というような考え方がごく一般的だった。その背景にあったのは、性が愛を歪めるという考え方であり、カセや障害こそが愛を燃え上がらせる、という考え方だったのである。いずれにしても、性欲で結ばれた愛よりも魂で結ばれた愛のほうを優位に置くという恋愛観は、昭和三十年代頃までは広く共有されており、それがその後の欧米からの性革命の流入によって退潮したというわけなのである。

では、果して、『冬のソナタ』と言えば純愛、とまで言われる『冬のソナタ』では愛はどのように描かれていただろうか。ユジンとサンヒョクが現在二十八歳であることは前述したが、純愛度を占うリトマス試験紙であるキスと性的関係はどうなっていたのかを見てみると、何と二十八歳で婚約中の二人が交わすのはキスまでなのである。これはのちにユジンの相手がミニョンに代わっても同様だった。

六回目には、スキー場の工事の監督に来ていたユジンが宿舎の自分の部屋からサンヒョクを追い出すシーンがある。それは結婚してからね、というわけだ。それでも懲りないサンヒョクは、八回目で二人の関係を決定的なものにしようとしてユジンをホテルに誘うが(もちろん不首尾)、十回目でこのことを親や友人らに白状するとゴーゴーたる非難を浴びせられてしまう。

二十八歳でこのありさまなのだから、高校生ではもちろん、とんでもない、となる。二回目に高校時代の彼らがキャンプに行く有名な場面があるが、キャンプファイヤーを囲んでの言葉ゲームの最中に「愛しあってた二人はホテルへ」とやってブーイングの大合唱となる場面がある。まさに、日本では過去のものとなってしまった純愛がここにある！　ではないか。脱帽！

日本社会で失われた価値観

人々の生き方や人間同士の関わり方も、高度成長以降、多くのものを失ってきた日本人にとっては新鮮だった。伝統的しきたり、世代間の対話、他人への思いやり、という三点に絞って見てみると、まず伝統的しきたりとしては、人生や季節の節目をとにかく大事にする。命日とか誕生日、初雪の日、おおみそか、などだ。

一回目で早くもユジンの亡父の命日の法事が営まれており、そのあとも、ユジンが父の墓参りをするシーンが二度出てくる。十二回目ではサンヒョクと共に結婚報告を兼ねて、そして十九回目では一人で。大げさに言えば、この世が生者たちのものだけではない、という世界観がそこにはあり、だからこそ、亡くなったチュンサンのことを十年経っても忘れていない、ということにもなるのだろう。

誕生日も相当に重んじられている。八回目では何とサンヒョクの母の誕生日のお祝いの集まりがあり、ユジンも駆けつけるが、ユジンとサンヒョクの結婚話が順調に進んでいなかったせいもあって、冷たくあしらわれる。それにしても、中高年に対してまで誕生日を祝うのにはほとほと感心させられる。そういえば十二回目でユジンはサンヒョクと父の墓参りに行ったが、結婚報告という理由のほかに、この日は亡き父の誕生日でもあったことになっている。死者の誕生日までもを祝うという徹底ぶりなのである。

人生や季節の節目を大切に、の次は、親子間の対話が多いことにも感心させられる。例はそれこそ無数にあるが、たとえば第六回でスキー場の宿舎からユジンが母を気づかって電話する場面などは、折り紙付きのしんみりシーンだ。他方、親たちも、サンヒョクの両親とかチュンサンの母、そしてユジンの母も、何かというと、悪く言えばしゃしゃり出てきて、助言したり、時には叱責したりする。こうした親子の濃密な関わり方も、当時(二〇〇三年)の日本社会ではあまり見られなくなっていたものの一つではなかっただろうか。

世代間の対話の次は、他人への思いやりなどに見られる礼儀正しい振る舞いだ。近年の韓国の人々の振る舞いとは似ても似つかぬ、信義や礼節を重んじる謙虚で潔い言動がことのほか印象的だ。当時の日本社会から見ればそれらはすでに半ば失われつつあったものだが、韓国のほうでも十年遅れくらいでその後失われてしまったのだろうか。それとも、すでにこの時点でも失われていたものを、追懐・美化してこのように描いたのだろうか。

主に、サンヒョクとミニョン（チュンサン）のあいだでだが、とにかく相手を思いやり、時に譲り合い、自らの非は率直に認める、そうした交わりぶりが男優二人のさわやかな演技によって気持ちよく伝わってくる。一番多いのは、サンヒョクとミニョンが目礼を交わすシーンだ。すでに高校生の頃からそうで、おそらく内心ではくそっ！　と思っているのではないかと思われるような場面でも二人は目礼を欠かさない。

非を率直に認めるシーンも少なくない。これはサンヒョクに多いが、ミニョンに対して（第七回）、そしてユジンに対して（第八回）。十五回目では、ユジンとの別れを決意したサンヒョクが、「さあ行って」、「二度もチュンサンを失わせたりしないよ」、ぼくは「執着だけだった、疑ってばかりいた」といさぎよくユジンの背中を押している。

十九回から二十回にかけては、相手を思いやり、互いに譲り合うサンヒョクとミニョンのやりとりが何度も出てくる。ユジンとミニョンが兄妹ではないかという情報とミニョンの病気とがこれに絡まり、恋の相手と成就の成否は混沌としてくるが、いずれにしても二人は利己的な動機で行動しているわけではない。二十回目のサンヒョクとミニョンの別れのシーンでは、「ユジンを大切に」と訴えるミニョンに、サンヒョクは「ユジンとやり直せ」と応じる。サンヒョク「君たちが妬ましかっただけだ、ボクに譲るつもりなのか」。ミニョン「愛は譲れないよ、ユジンを守れるのはサンヒョクだけだ」。

『冬のソナタ』はいちおうは三角関係ものだから、奪い合う話かと思えば、あにはからんや、実は譲り合う話であり、フェアプレーの連続の、異色の三角関係ものだったというわけなのである。かくして、ドラマとして負け、愛のかたちで負け、生き方で負け、というようにわれわれは見事な完敗を喫したわけだが、それくらい当時の日本とはすべてが正反対のありように、懐かしさを感じ、新鮮さを覚えた結果が、あの記録的な冬ソナブームに結びついていたのである。

最後にもう一つ、冬ソナブームの背景にあったとわたしが考えているものを指摘しておこう。それは、自然をめぐる問題であり、作中に描かれた自然や、そこでの自然と人間との関わり方こそが無意識のうちに当時の日本人の琴線に触れたのではないか、ということである。

その後の冬ソナブームに火をつけた、ユジンとチュンサンの初恋の原点と言ってもいいナミソム島の並木道や雪景色はあまりにも有名だが、地方都市春川の懐かしい風景、ひなびた町なみ、町はずれの湖、冬の山小屋、リゾート地のスキー場、どれもわれわれを惹きつけてやまない自然豊かな風景ばかりだ。

ほかにも、七歳のチュンサンがあやういところで命を救われた暮色蒼然たる湖（第十一回）、ユジンの父の墓のある小高い山の中腹（海が眺められる）、ミニョンがユジンとの別れを決意する海辺（第十八回）、そして三年後に再会するユジンの設計した海辺の家（第二十回）等々。これらの魅力的な自然や自然の中の人間の姿が節目節目で描かれて、作品にメリハリを与えているのである。

ドラマ・愛・生き方において当時の日本とは正反対であったことはすでに述べたが、こうした自然のありようや、それとの関わり方においても、冬ソナはわれわれが失ってきたものを突き付け、それへの郷愁を呼び覚ましてくれたのではないだろうか。

実際、われわれのまわりでは高度成長以降全国至る所で自然破壊が進んだことは周知の通りであり（拙著『望郷歌謡曲考』参照、一九九七年）、何よりもそれによって、自然に対して目をとめたり感慨にふけったり、というようなことが少なくなってしまった。要するに自然に無関心になり、自然を感じる感性がすり減ってしまったということだ。

そうしたことと連動するようにして、二〇〇〇年代のドラマでは、九〇年代のドラマと比べると、自然そのものや、それと人間との関わりを描くことが少なくなっていたように思う。古くは『北の国から』、そして『青い鳥』、新しいところでは『眠れる森』などに見られたような印象的な自然の描写は、二〇〇〇年代に入るとめっきり減ってしまった。そうだとすると、そんな当時のわれわれに、『冬のソナタ』は自然の素晴らしさやそれとの付き合い方を教えてくれてもいたのであり、そうした側面も冬ソナブームの無視できない一因となったにちがいない。

エピローグ　輝いてる？ 輝いてない？――ドラマの現在

二〇〇三年にどん底状態で冬ソナの来襲を受け、全滅した感のある日本ドラマだが、それからもう十五年にもなる。冬ソナに続いて一時大ブームとなった韓国ドラマの人気も昨今ではだいぶ沈静化した。もっとも、完全に下火になったというわけではなく、少なくとも本数の上では今でもBSやCSではかなりの数の韓国ドラマが放映され続けているようだ。

それに対して、肝腎《かんじん》の日本ドラマのほうはどうなっただろうか。前章までで、九〇年代半ばに質量、とりわけ質の面でピークを迎えた日本ドラマが、九〇年代後半（の後半）に入る頃からレベルダウンし、そうした下降傾向が少なくとも二〇〇三年くらいまでは続いたことを見てきた。そこに冬ソナショックというわけなのだから、本来ならそれを、それこそ一種のショック療法として立ち直りのキッカケをつかんでもよさそうなものだが、果してそうなったのかどうか。

一部には確かにそう受け取れるような動きもないわけではなかった。ただ、はっきりそう断言できるほど、日本ドラマは冬ソナに学んで自己変革をとげた、とは言いがたいのではないだろうか。というか、ドラマをめぐる外的条件が九〇年代と二〇〇三年以降とではあまりにも変わり過ぎたので、単純には比較できないのだ。

九〇年代と二〇〇三年以降との外的条件の違いはいろいろあるが、たとえばドラマ人気自体が一時よりは下火になり、家族で視聴する、というような享受形態も希薄化した。よく言われるように、インターネットの普及以降、娯楽や余暇のかたちも大きく変化し、いっときのように、お母さんと中高生を中心として、下は小学校高学年から上は大学生までの子供たち（特に女の子）が週に何本ものドラマを楽しみにする、というようなことは少なくなった。

これは第1章で紹介した「ドラマ学入門」の担当者（わたしのことだが）が肌で感じていたことであり、そうした家族での享受形態は年を追うごとに減少していったように思う。それに九〇年代はドラマには主題歌がつきもので（今でも無くなったわけではないが）、それが大ヒットし、カラオケでも人気を博し、そうしたカラオケブームがドラマブームを下支えしていたが、そうした傾向にも変化が見られるようになった。

外的条件としてはほかにも時間や回数の問題がある。かつては民放の一クール（十〜十二回）ものの五十四分ドラマが一月、四月、七月、一〇月に十数本同時にスタートするというのが慣例になっており、それがいわゆる「連ドラ」であり、それに対して単発の二時間ドラマや、時間や回数がさまざまなNHKのドラマなどは別扱いであった。本書でも、九〇年代テレビドラマ……、とは言いながら、実際に対象としたのはいわゆる「連ドラ」ばかりだ。また、そうした扱いが不当とは言えないほどに連ドラ勢の勢力は圧倒的であったし、それに対して別扱いドラマの勢力はきわめて限られたものであった。

しかし、現在、そうした勢力図は大きく塗り替えられた。NHKやNHK BSのドラマは大幅に増えているし、時間は依然として六〇分ものが多いが、回数はだいたい五回から八回までというのが多い。年を追うごとに増え続けているWOWOWの連続ドラマWと称するドラマも同様だ。六〇分ものが多く、回数もNHK同様五回から八回くらいまでが中心。これらをかりにニュータイプドラマと呼べば、それらの割合は全体の三割くらいにはなるだろうか。オールドタイプの連ドラは、押されるいっぽうだ。第10章で批判的に紹介した『青い鳥』の特異な二部構成なども、今の時代であれは、無理に連ドラの枠に押し込めずとも、たとえば全六回で十分にバランスよく完結できていたのではないだろうか。

連ドラだけを対象とするのであれば、かつてと今とを比較するのは容易だろうが、ニュータイプのドラマがこれほどまでに増えてくると、そういうわけにはいかなくなる。半分くらいの長さ（回数）という形態からしてすでに比較しにくいが、連ドラと比べればずいぶんと時間をかけているらしい作られ方の違いという問題もあるし、単純には比較できないのだ。

ただ、それでも、やはり、あの冬ソナの来襲以降、日本ドラマは反撃に転じたのか、九〇年代末から二〇〇〇年代にかけての下降傾向に終止符を打つことができたのか、また、いくらかでもそれができたとするなら、どの程度まで勢いを回復できたのか、など、次から次へとわいてくる疑問にまったく背を向けるわけにもいくまい。

三つの角度からみる日本ドラマの回復度合い

確かにドラマをめぐる外的条件は大きく変わって単純な比較はしにくくなったが、それでも、いまドラマが輝いているか否かを見極める方法がなくなってしまったわけではない。

読者の方々はすでにおわかりだろうけれども、外的条件はどれほど変わっても、その出来映えをはかる尺度、本書で冒頭から大車輪の活躍をしてもらった三つの角度（シナリオ、ドラマ化、時代性）からのアプローチであれば、作品の良し悪しをはかることはできるはずである。

少しおさらいをすると、本書では、第7章までで日本ドラマ全盛期の作を取り上げ、第8章以降では下降期の作をその理由とともに紹介したが、どちらの場合ももとしたのは三つの角度からのアプローチであった。すなわち全盛期の作の取り柄を説明するのも、下降期の作の敗因を説明するのも、その三つの角度からの評価結果が根拠となっていたのである。だとすれば、ここで三つの角度から見た下降期の作の敗因を思い出してみれば、いまそれらがどの程度克服できているかで、日本ドラマの回復度合いをうかがうこともできるはずである。

そんな観点から第8章以降の下降期の作の敗因をここで整理してみると、まずはペース配分の乱れという問題があった。先の展開ばかりが気になるせっかちな視聴者に迎合して、目玉をどんどん前にもってきてしまう風潮である。そんな風潮に対しては、起承転結は不滅です！　と声を大にして言いたくなる。

つづいては、拡がりを持った設定の重要性。冒頭でめいっぱい間口を拡げておくことでその後の豊かな話の拡がりが可能になる。出身地、舞台、職業、年齢差、さらには話題となる事柄なども、なるべくいろいろであったほうがいい。この逆を行ったのがいわゆるトレンディドラマであったことは第8章で詳述した。

第9章、第10章では、サスペンス仕立てや三角関係のもつれに過度に依存して視聴者の興味を引こうとすることの危うさを確認した。そこでも指摘したように、確かにわれわれは、サスペンスの謎にひかれ、三角関係の帰趨が気になる生き物ではあるが、あまりにそうした視聴者の低次元の興味や関心に迎合してしまうと、視聴率は稼げるかもしれないが、作品としてのバランスや品格はガタガタになってしまう。そんなことを『眠れる森』や『Days』を例に指摘した。

以上は主にシナリオ要素のことだが、ドラマ要素で言えば、やはりキャスティングに関して、いわゆる連投問題が気にかかる。かつては（全盛期は）主役級は一クールはあけて登板するのが常識であったのに、いつのまにか人気タレントはひっぱりだことなり、毎回連投するようになってしまった。そうなると、いわゆる役作りだとか、役になり切る、などといったことはむずかしくなり、観る方も、演じられた役を観るのではなく、演じている役者のほうを観ることしかできなくなってしまう。第6章で見た『白線流し』のような、新人の主役起用などという大胆な試みは夢のまた夢となってしまったのである。

ドラマ要素の、映像表現とか音楽・音響表現などにも当然言及すべきだが、これまで列挙してきた事柄と比べると多少恣意的になりかねないので、ここでは省略する。いまドラマがどの程度輝いているか、あるいは九〇年代末の下降期の諸作の欠点をどの程度克服できたか、などを見るだけなら、ここまで整理してきた観点だけでも十分だからである。

時代要素のことを忘れていた。これについてもひとこと付け加えておこう。時代要素は、時代を反映、時代の本質を暴きだす、時代を批評、時代に提言、などさまざまなかたちをとりうるが、当然、単なる反映がもっとも低次で、批評や提言に近づくほど点数は高くなる。そしてこれに関しても、全盛期から下降期に移っていくにつれて、単なる時代の反映、それも時代の上澄みだけをかすめとったような作品が多くなってきたのは否めない。たとえば非行が社会問題化すれば、受け狙いから安易にそれを題材としてしまう、などといったような。二〇〇三年以降、果してそうした傾向に歯止めはかかっただろうか。

原作依存の風潮

もう一つ大事なことを忘れていた。三要素とは直接にはつながらないが、原作問題を見落とすわけにはいかない。もともとドラマを三要素に分け、その一つとしてシナリオ要素というものを考えた時に想定していたのは、あくまでもオリジナルシナリオだった。だからこそ、シナリオ中の諸設定、筋、科白、テーマを検討・評価して、その評価点と他の二要素の評価点とを合算して、総合点を求め、その作品の客観的評価としたのである。

しかし、そのシナリオが原作をもとにしたものだとなると、上記の三要素の総合点は、そのドラマの総合点とは言えなくなってしまうかもしれない。諸設定、筋、科白、テーマのなかのかなりの部分が原作通りだとすれば、それは原作の手柄であってシナリオの手柄ではないからである。

九〇年代半ばのドラマの全盛期には、そうした原作ものはわずかだった。シナリオと言えばふつうはオリジナルであり、だからこそ脚本家が一目も二目も置かれていたのであり、わたしの三つの角度からのアプローチにおいても、シナリオがその一部門を占めることができたのである。それが下降期に近づくにつれて、原作ものが増えてきた。最初は、人気コミック、ついでミステリー、さらにはライトノベルなどの一般小説もドラマ化されるようになってきた。

その背景ならだいたい想像がつく。プロローグで述べたようなドラマ作りの現場における企画重視の風潮の中で、企画する側が、すでに評価の定まった原作を利用して、その人気に便乗しようとしたからではないだろうか。これから執筆されるオリジナルシナリオなど、危険すぎる、というわけだ。新人脚本家のものはもちろん、中堅脚本家のものですら、すでにかたちとなって相応の人気も獲得済みのコミックやミステリーに比べれば、安心できない、というのも、気持ちはわからないではない。しかし、世間一般では、「気持ちはわかるけど」というたぐいの行為は、たいていは、してはいけない行為であることは周知の通りである。にもかかわらず、それが、どうやらドラマ制作の場においてはまかりとおっているようなのである。

いずれにしても、この原作依存の風潮を何とかしないと、この国には脚色家ばかりで脚本家が育たなくなってしまう。特に最近一見レベルの高いドラマを連発しているNHKやWOWOWのニュータイプドラマに原作ものが多いのは、憂慮の極みだ。結果的におもしろければいい、視聴者に喜んでもらえればいい、つまりは視聴率さえ高ければいい、そのためには人気原作を利用すればいい、人気タレントを起用すればいい、では困るのである。企画が受けることとしか考えていない人たちに、ドラマの将来を任せておくわけにはいかないのだ。

そもそもこうした原作ものを、わたしの三つの角度からのアプローチで採点してみるとどうなるのだろうか。迷うところだが、心を鬼にして採点すると、シナリオ要素中の諸設定、筋、科白、テーマなどが原作から来たものだとすれば、これらはシナリオの得点にはならないので、シナリオ要素は零点に限りなく近くなってしまう（脚色点のみ）。そうした点のつけ方でいけば、時代要素も同じく原作から来ているという意味で零点。残るはドラマ要素だけなので総合点は惨憺たるものになってしまう。

もちろん、原作から来たものでも得点として数える、という考え方もありえないわけではない。ただ、それだと前述のように脚色家さえいればいいという一種の脚本家不要論にも結びつきかねず、自立性の点でドラマの将来があやぶまれる。それに、原作から来たものも得点とした場合、オリジナル脚本ドラマの三要素得点と原作ものドラマのそれとを同じように扱ってよいのか、という問題もある。厳密に言えば、両者は別々のグループに属するものと考えたほうがいいのかもしれない。だとしたら、この意味においても、オリジナル脚本中心の九〇年代と、原作ものが増加した今とでは、同じ「ドラマ」でも「単純には比較できない」ということになる。

観ることと作ることの好循環

閑話休題。最初、「輝いてる？ 輝いてない？——ドラマの現在」というタイトルでエピローグを書き出した時には、全盛期・下降期の作品の場合と同様に、いくつかの作品を三つの角度からのアプローチによって解剖して、わたしなりの結論を出そうと思っていた。しかし、ここに至って、現在のドラマがどの程度二〇〇三年レベルから脱け出せたかどうかの判断は、読者諸兄姉にお任せしようという気になってきた。それに、具体的な目の付けどころ（ペース配分に乱れはないかとか、役者が連投していないかとか）はすでに示してあるのだから、あとは、全盛期・下降期の作品の場合と同じように採点するだけなのだから。

ここでわたしが思い出しているのは、もう二十年も前になってしまった「ドラマ学入門」の授業の折のことである。そこでもわたしは三つの角度からのアプローチという分析方法だけを示して、あとは学生諸君の楽しい報告にゆったりとした気持ちで耳を傾けていたように思う。果して読者諸兄姉は、当時の学生たちのように、いまご覧になっているドラマに対して、単なる感想ではなく、客観的な評価基準に基づいてしかるべき評価を下してくださるだろうか。

プロローグや第1章でも述べたように、それまではびこっていたドラマ軽視の風潮を打破しようとする動きが九〇年代前半に台頭した。その出発点となったのは、公平無私の評価基準の追求だった。それに基づいて、いいものはいい／悪いものは悪いとみなされるようになれば、当然作るほうも襟を正さざるをえなくなる。観ると作るの好循環がそこから生まれ、その結果ドラマの品質が向上すれば、当然ドラマ軽視の風潮も克服される、そんな理想が広がり始めたのがこの時期だったのだ。

そうした理想のもとに日本ドラマは九〇年代半ばに絶頂期を迎えたが、本書を通じて見てきたように、それも長くは続かなかった。不死身と言ってもいい視聴率という化け物の前では、青くさい評価基準や何の役にも立たない「品質」などはしょせん無力だったのかもしれない。しかし、たとえそうだとしても、どん底の二〇〇三年レベルからの脱出を目指そうとするのであれば、われわれは何度でも九〇年代半ばのあの熱気のなかに立ち返るしかない。かつても今も、客観的な評価基準に基づいた厳しい評価以外には、ドラマの品質向上と地位向上とをかなえてくれるものは見当たりそうにないからである。

あとがき

長い間、専門分野だと言い続けてきたテレビドラマに関する本をやっと出すことができた。本書中でも触れているように、趣味としてはごく若い頃から、仕事がらみでは九五年くらいから、関わりを持ち続けてきたテレビドラマだが、なかなか一冊にはならなかった。書くのもむずかしいし、出すのもむずかしいという八方ふさがりの中で時間が経ってしまったのである。

前者について言えば、やはり映像作品を文字で論じるのは容易ではない。紹介や感想でも困るし、また読者の側に立てば、じかに作品を観るだけでも十分とも言えるのだから。

後者に関してよく言われたのは、ドラマを観るような人は本を読まないし、本を読むような人はドラマなど観ない、という極端な説だ。これに関しては自分でもよくわからない。一理あるような気もするし、まさかそんなことは、という思いも強くある。ともかくそんなこんなでわたしの専門分野の中ではひとつだけ本になっていなかったテレビドラマだが、今回それをようやく上梓することができたのである。

これを強く勧めてくださったのは、平凡社新書編集長の金澤智之さんである。平凡社新書では以前坂下裕明さんが編集長だった時代に『御三家歌謡映画の黄金時代』を出してもらっており、傾向の似た本を同じ新書で出していただくというのも何かの縁かもしれない。それはともかくとして出版を決断してくださった金澤さんが前述の「ドラマを観るような人は本を読まないし……」をどう考えておられるのか、はっきりとしたことは聞きそびれたが、出すというからにはそういう考え方ではないのだろう。わたし自身はさっきも言ったように、よくわからないが。……

お世話になった方たちのお名前を出したので、ここでついでに挙げさせていただくと、近代文学研究者でありながらテレビドラマ研究（というほどのものでもないが）を肩身を狭くすることもなく続けることができたのは、多くの方たちに支えられたからこそ、であった。まずは、民放連の日本民間放送連盟賞「テレビドラマ」部門の審査員を長く続けさせていただいたこと。次いでは本書中でも引用しているが、『毎日新聞』に「TVドラマ千一夜」を始めとしていろいろ書く機会を与えてくださった学芸部の方々。そしてそれらにも増しての大恩人は、何といってもドラマ学の受講生の方たちだろう。これがキッカケでテレビ業界に就職した人もいるし、わたしを圧倒する関心のモーレツさで多くの刺激をくれたことは忘れがたい思い出だ。この激烈な反応がなかったら、わたしが「ドラマ学入門」などという奇妙奇天烈な授業を長く続けることもなかっただろう。

通常のあとがきとはちがって、お世話になった方たちのお名前を出すのが先になってしまったけれど、もう少し、ふつうのあとがきを続けるなら、わたしにとって「ドラマ学入門」（後半になると受講生による発表方式だけでなく、わたしが十二、三回かけて一つの作品を講じるようなこともあった。うまくいったのは池端俊策『ぼくの妹』、『トンイ』など）と共に過ごした日々は、妻や子供たちとお茶の間でドラマを楽しむという家族の時間を持てた日々でもあった。これを公私の二人三脚と言っていいかどうかはわからないが、いずれにしても、こうしたスタイルがわたしにとっての研究の理想形であったことはまちがいない。ドラマのような大衆娯楽でない場合でも、研究者としてのわたしがめざしたのはそういう方向であった。誰にでも読んでもらえるような研究とか、開かれた研究とかいったような。

最後に声を大にして再度言っておきたいのは、作品の客観的評価の重要性である。本書では三つの角度からのアプローチに象徴されるように口をすっぱくしてこのことの重要性を説いているが、これはわたしが近代文学研究出身であることと大いに関係がある。もっぱら恣意《しい》的な感想に基づいた、印象批評（評論家の場合）やいわゆる作品論（研究者の場合）の横行に反発した若い頃の思いが、わたしを客観的評価（軸、基準）の追求という、ある意味ではあてどない旅へといざなうことになった。わたしにとってはそれは文学作品の場合でもテレビドラマでも変わりはないのである。
「見巧者」という言葉を本文中で何度か使ったが、読者におかれても本書中で繰り返し力説した客観的評価の重要性を共有してくださり、ひとりでも多くの見巧者の方たちが増え、それがドラマの品質向上、地位向上へとつながっていくことを著者としてひたすら願うばかりである。

平成三十年二月末日

著者

山口智子……23, 153
山咲千里……171
山下久美子……28
山田太一……11-12, 119
山田麻衣子……82
山田洋次……88
山本圭……141
遊井亮子……114
ユースケ・サンタマリア……147-148, 167
横山めぐみ……42
吉田紀子……23, 31, 147

わ行

渡辺典子……140

高津住男……53
高橋和也……133, 135
高橋克典……133, 135
宅麻伸……100
竹中直人……147
竹山洋……148
龍居由佳里……23
田中美佐子……23
田山涼成……28
段田安則……126
チェ・ジウ……196–197
筒井道隆……23
鶴田真由……23, 32
手塚理美……23, 28
堂本光一……96, 102
堂本剛……96, 102
常盤貴子……23, 133–134, 141, 146, 149
豊川悦司……23, 82

な行

永作博美……82, 133, 135–136
中島みゆき……50, 53
長瀬智也……23, 113, 154, 170
中谷美紀……154, 171
仲谷昇……84
仲村トオル……163
中村竜……113
中山忍……139
中山美穂……163
夏川結衣……82
夏八木勲……166
温水洋一……140
野際陽子……125
野沢尚……9, 12–14, 16, 23, 38–39, 76, 80, 119, 161–163, 165, 190
野島伸司……12–14, 16, 23, 38–39, 59, 76, 115–116, 119, 161, 181, 188, 190
信本敬子……23, 111

は行

橋爪功……155
東山紀之……147–148
平泉成……140
広末涼子……153
深津絵里……139, 141
福田靖……148
藤木直人……185
ペ・ヨンジュン……196
細川ふみえ……26

ま行

松たか子……146–148, 153
松嶋菜々子……104
松本幸四郎……23
馬渕英里何……112, 116
真屋順子……141
MIKI……154, 171
水野美紀……87, 139, 141
三谷幸喜……23
峰岸徹……60
向田邦子……12, 119
本木雅弘……23, 32
森口瑤子……26
森下佳子……148
森本レオ……153

や行

矢田亜希子……135
柳葉敏郎……23, 41, 44

人名索引（脚本家、出演者）

あ行

青柳祐美子 …… 104, 132
赤井英和 …… 23, 27
明石家さんま …… 23, 26–27
秋野暢子 …… 27
浅野温子 …… 23, 147–148
浅野ゆう子 …… 41, 44
東幹久 …… 125
飯田譲治 …… 23
池端俊策 …… 219
いしだ壱成 …… 23
市川森一 …… 12, 119
上戸彩 …… 184–185
江口洋介 …… 148
大石静 …… 121, 154, 170
大沢たかお …… 23
岡田惠和 …… 132
小木茂光 …… 55
奥村公延 …… 53

か行

柏原崇 …… 113
金子賢 …… 154, 158, 171
鎌田敏夫 …… 23, 25, 31
川原亜矢子 …… 146, 148
河原崎長一郎 …… 52
萱野美穂 …… 154, 171
岸谷五朗 …… 23, 87
北川悦吏子 …… 23, 144, 152
木村拓哉 …… 23, 144, 146, 149, 152–153, 164, 167
京野ことみ …… 112, 116
京本政樹 …… 181
倉本聰 …… 12, 119
小坂一也 …… 52
小橋賢児 …… 154, 171
小松江里子 …… 23, 95

さ行

斉藤慶子 …… 42
酒井法子 …… 23
坂井真紀 …… 125
酒井美紀 …… 23, 112, 116
櫻井淳子 …… 87
桜井幸子 …… 23, 60
佐藤浩市 …… 41, 87
真田広之 …… 60
佐野史郎 …… 27, 82, 126
沢口靖子 …… 148
椎名桔平 …… 104, 140
篠田三郎 …… 147
清水圭 …… 134
陣内孝則 …… 166
鈴木杏 …… 82
鈴木京香 …… 87
鈴木保奈美 …… 23, 87

た行

高樹沙耶 …… 134

【著者】
藤井淑禎（ふじい ひでただ）
愛知県豊橋市生まれ。立教大学名誉教授（専門は日本近代文学・文化）。主な著書に『不如帰の時代』『小説の考古学へ』（以上、名古屋大学出版会）、『純愛の精神誌』（新潮選書）、『望郷歌謡曲考』（NTT出版）、『清張ミステリーと昭和三十年代』（文春新書）、『御三家歌謡映画の黄金時代』『名作がくれた勇気』（以上、平凡社）、『清張 闘う作家』（ミネルヴァ書房）、『高度成長期に愛された本たち』（岩波書店）などがある。

平凡社新書871

90年代テレビドラマ講義

発行日――2018年3月15日 初版第1刷

著者――藤井淑禎

発行者――下中美都

発行所――株式会社平凡社
東京都千代田区神田神保町3-29 〒101-0051
電話 東京（03）3230-6580［編集］
東京（03）3230-6573［営業］
振替 00180-0-29639

印刷・製本―図書印刷株式会社

装幀――菊地信義

ISBN978-4-582-85871-6
NDC分類番号778.8 新書判（17.2cm） 総ページ224
平凡社ホームページ http://www.heibonsha.co.jp/